EL JUEGO DE LA CIENCIA

EXPERIMENTOS SENCILLOS DE GEOLOGÍA Y BIOLOGÍA

Louis V. Loeschnig

Ilustraciones de Frances Zweifel

ONIRO

Colección dirigida por Carlo Frabetti

Título original: *Simple Earth Science Experiments with Everyday Materials*
Publicado en inglés por Sterling Publishing Company, Inc.

Traducción de Irene Amador

Diseño de cubierta: Valerio Viano

Ilustración de cubierta e interiores: Frances Zweifel

Distribución exclusiva:
Ediciones Paidós Ibérica, S.A.
Mariano Cubí 92 – 08021 Barcelona – España
Editorial Paidós, S.A.I.C.F.
Defensa 599 – 1065 Buenos Aires – Argentina
Editorial Paidós Mexicana, S.A.
Rubén Darío 118, col. Moderna – 03510 México D.F. – México

© 1996 by Louis V. Loeschnig

© 2001 exclusivo de todas las ediciones en lengua española:
Ediciones Oniro, S.A.
Muntaner 261, 3.º 2.ª – 08021 Barcelona – España
(e-mail:oniro@ncsa.es)

ISBN: 84-95456-60-5
Depósito legal: B-19.068-2001

Impreso en Hurope, S.L.
Lima, 3 bis – 08030 Barcelona

Impreso en España – *Printed in Spain*

ÍNDICE

Antes de comenzar

Este libro, a diferencia de otros que tratan sobre la Tierra, te proporcionará un sinfín de información, docenas de actividades y experimentos excitantes y te enseñará cómo y por qué debes convertirte en un verdadero ecologista: una persona «consciente» de los problemas relacionados con la Tierra y que además hace todo lo posible para preservar y proteger nuestros terrenos, bosques y fuentes de agua.

Aprenderás a través de la experimentación cómo las plantas emiten oxígeno y humedad y cómo, sin ellas, la vida no sería posible. El libro incluye una serie de lecciones y experimentos interesantes. También aprenderás cómo el magnetismo y la electricidad están relacionados con las fuerzas de la Tierra. Conseguirás que un alfiler se balancee sobre un hilo, de modo semejante a como danzan las cobras, y aprenderás cómo capturar las monedas o fichas falsas que se introducen en las máquinas de venta automáticas y así contribuir a la seguridad de estos negocios; ambos descubrimientos se deberán al uso de la fuerza magnética.

Verás cómo se produce un terremoto e incluso fabricarás un sismógrafo casero, un instrumento para medir los movimientos de la tierra, y también construirás el modelo

de un glaciar que se derrite, traslada y arroja a su paso la tierra y las rocas que arrastra.

Averiguarás cosas sobre el suelo, la arena, el Sol y los fósiles, y luego harás un filtro de agua con tierra, un calentador de agua solar, y un tipo diferente de «volcán químico» que emite espuma, vapor y silbidos.

Aprenderás, tal y como hacen los ecologistas, a conservar, guardar y reutilizar la ropa vieja, los juguetes y otros materiales caseros. Te enseñaremos no sólo a reciclar latas, botellas y papeles sino también a reciclar la basura con gusanos y convertirla en abono: una manera nueva y amigable de reutilizar a la Madre Tierra.

Descubrirás también a través de los hechos y de la experimentación las características del ozono, los combustibles fósiles, la lluvia ácida, el bosque tropical húmedo y el calentamiento global, ¡todo eso y mucho más! Con periódicos reciclados fabricarás tu propio papel, cuadernos de notas y una cámara oscura, y verás las constelaciones sobre una pared utilizando un proyector de fabricación casera.

Es aconsejable que en tus experimentos uses materiales reutilizables, reciclables o biodegradables (que puedan descomponerse, pudrirse y formar parte de nuevo de la Tierra). En la mayoría de los casos, con la excepción de algunos productos de plástico y papel, los materiales que se utilizan en este libro son reciclables.

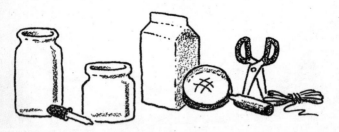

Todos ellos son baratos y fáciles de encontrar: los conseguirás en supermercados, droguerías y tiendas de ultramarinos.

No todos los materiales que necesitas para cada experimento se detallan en cada una de las ocasiones. Puesto que algunos se utilizan en varios experimentos, es recomendable que compres, guardes y conserves: botellas y frascos de distintos tamaños, latas, cajas de zapatos, recipientes pequeños de plástico o macetas, termómetros, filtros de café, cuentagotas, periódicos, clips, pulverizadores, cartones de leche, una lupa, una brújula, tijeras, cuerda, lápices, papel, un transportador de ángulos, tierra, grava, arcilla y arena.

Todos los experimentos se han simplificado y probado concienzudamente. Sin embargo, para realizar alguno de ellos, como por ejemplo los de plantas y semillas o ecología en el sentido más amplio del término, necesitarás algo de tiempo y de paciencia.

Es aconsejable que compruebes, con la ayuda de una persona mayor, si tienes todos los materiales necesarios, antes de llevar a cabo algún experimento. Ten en cuenta siempre las advertencias y alertas relativas a la construcción y a la seguridad.

Este libro ha sido diseñado teniendo en mente la preservación de la Tierra y tu entretenimiento. Te proporcionará docenas de actividades excitantes y divertidas. Te garantizamos que vas a disfrutar de lo lindo.

¡Felices experimentos!

ASUNTOS

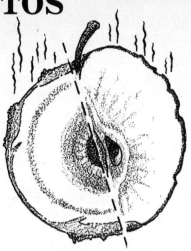

TERRENALES

La Tierra –una gran esfera con una corteza exterior, manto interior y núcleo– viaja a través del espacio, tal y como hacen el Sol, las estrellas y el resto de los planetas. Además de este movimiento espacial, la superficie de la Tierra cambia constantemente. Las altas montañas y los profundos valles, tanto en la superficie terrestre como en el fondo de los océanos, forman parte del movimiento de la Tierra, nada permanece inalterable. Imagínate la Tierra como una manzana puesta al sol. El sol calentaría y secaría la manzana, se produciría una pérdida de agua y, como consecuencia de ello, la manzana se encogería y arrugaría.

Aunque la Tierra no es una manzana, experimenta cambios similares. La Tierra, como el interior de la manzana, se encoge y contrae. Cuando las partes interiores calientes de la Tierra se enfrían y encogen, la corteza exterior se ve forzada a moverse. La superficie de la manzana se arruga formando picos y valles y, del mismo modo, la corteza terrestre forma montañas, valles, grietas o fracturas, llamadas fallas.

En este capítulo, analizaremos algunas de las fuerzas que afectan a la Tierra, así como otros asuntos terrenales.

Terremotos

Las presiones del interior de la Tierra originan grandes fuerzas que rompen y agrietan la corteza terrestre. Estas grietas se denominan fallas, y el movimiento a lo largo de ellas produce los terremotos. Veamos cómo se originan.

Necesitas:
3 libros de tapa dura, de tamaño semejante

Cómo hacerlo:
Sujeta los tres libros juntos, con el lomo hacia arriba (el borde donde está el título), y acércalos a tu pecho. Manteniéndolos en esta posición, empuja hacia arriba el libro que está en el centro. Realiza este movimiento varias veces, hasta que consigas un deslizamiento ligero y vertical.

Luego, sostén con firmeza los libros, pero aléjalos de tu cuerpo, manteniéndolos juntos, apretados y alineados. La posición será como la anterior, con los lomos hacia arriba y las página hacia abajo. En esta ocasión, tendrás que esforzarte mucho más para evitar que resbalen. Ahora, rebaja un poco la presión para que se desplace el libro del medio.

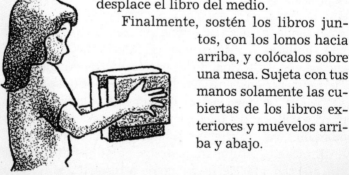

Finalmente, sostén los libros juntos, con los lomos hacia arriba, y colócalos sobre una mesa. Sujeta con tus manos solamente las cubiertas de los libros exteriores y muévelos arriba y abajo.

Qué sucede:

Los diferentes movimientos de los libros semejan los que se producen en las fallas durante los terremotos, movimientos de elevación y desplazamiento.

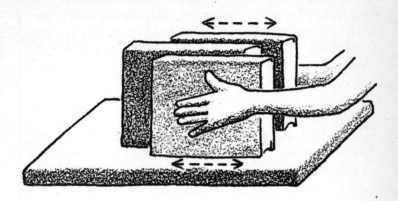

Por qué:

En los dos primeros pasos de este experimento, mientras sostenías los libros junto a tu pecho, y más tarde cuando los separabas del cuerpo, reprodujiste un movimiento de desplazamiento vertical en la falla, una reubicación arriba y abajo. Cuando empujaste el libro del centro hacia arriba (falla inversa) y más tarde hacia abajo (falla normal) estabas imitando el movimiento que se produce en este tipo de falla. El tercer paso, cuando colocaste los libros sobre la mesa y los moviste hacia un lado y otro, uno por delante del otro, realizaste la acción que se origina en una falla oblicua. En este tipo de fallas, el movimiento es hacia un lado (lado con lado) o paralelo.

CONSTRUYE UN SISMÓGRAFO

¡Manos a la obra! Con un lápiz de punta afilada y provisto de goma en el otro extremo, puedes fabricar un sismógrafo sencillo, que es el instrumento que utilizan los sismólogos (los científicos que estudian los terremotos) para registrar la fuerza o la intensidad de los seísmos. (Tal vez necesites la ayuda de una persona mayor.)

Necesitas:
Una caja de zapatos con tapa
Un objeto pesado para sujetar la caja
Lápiz con goma
Contrapesos para el lápiz (clavos,
     arandelas, etc)
Plastilina
Cinta adhesiva
2 clips
Cordel
Tijeras
2 hojas de papel

Cómo hacerlo:
Con cuidado, haz un pequeño orificio en la mitad y otro junto a uno de los extremos de la tapa de la caja. Coloca la caja abierta de pie, sobre uno de sus lados más estrechos, y asienta en el interior un objeto pesado, por ejemplo una lata, para sujetarla y evitar que se caiga. Sitúa la tapa sobre la parte superior de la caja, formando una T. (No es necesario que la parte abierta de la caja esté orientada hacia el orificio de la tapa.)

Luego, sitúa un contrapeso cerca de la punta del lápiz (sin que la tape) y pégalo o átalo para evitar que se caiga. Pon una tira pequeña de plastilina entre la

punta del lápiz y el contrapeso, para impedir que resbale.
Los contrapesos deben ser
pesados para que el lápiz,
que registra el movimiento
del sismógrafo, tenga un
contacto firme con el papel
y al arrastrarse marque
con precisión las lí-
neas.

Ahora, estira uno de
los extremos del clip
y clávalo en la goma del
lápiz. Ata el cordel al extremo enroscado del clip. Introduce
el otro extremo del cordel a través del orificio de la
tapa de la caja y átalo después al segundo clip.

Corta cada hoja de papel, a lo largo, en tres tiras.
Estas tiras funcionarán como un rollo de papel y
registrarán los «movimientos del terremoto».

Coloca una tira de papel junto a la caja (debajo del
orificio de la tapa) y muévela despacio. Observa cómo
se dibuja la línea en función del movimiento que pro-
duces en la tira de papel.

Luego, pide a un amigo que mueva y sacuda la
mesa mientras colocas las tiras de papel bajo el lápiz.
Tu sismógrafo reproduce los movimientos oblicuos y
los ascendentes y descendentes. Compara las distintas
tiras de papel ¿qué diferencias encuentras en las líneas? ¿Cómo muestran los efectos de una falla vertical
u oblicua? (Véase el capítulo «Terremotos».)

Moviendo montañas

¿Te has preguntado alguna vez cómo se han formado las montañas? Una de las causas principales es la gran presión que se ejerce desde el interior de la Tierra, que produce pliegues u ondulaciones en la superficie. Estas fuerzas originan montañas por plegamiento. Puedes reproducir una versión de esta fuerza y su efecto de una manera sencilla y fácil. Lo único que necesitas es un trozo de arcilla... y un poco de imaginación.

Necesitas:
Arcilla
Periódicos

Cómo hacerlo:
Extiende algunos periódicos sobre una mesa de trabajo. Coloca un trozo de arcilla sobre la superficie de trabajo y enrollándola con tus dedos, haz un rollo. Cuando tengas un rollo de unos 20 cm aproximadamente, extiéndelo sobre el periódico y trata de empujar desde los extremos hacia el interior, procurando formar colinas y valles.

Cuando lo tengas listo, enrolla y alisa de nuevo el rollo y ejerce distintos tipos de presión sobre él. Procura hacerlo doblándolo de distintas maneras.

Qué sucede:

Al ejercer distintos tipos de presión sobre el rollo de arcilla, reproducimos el proceso de formación de las montañas, con colinas y valles.

Por qué:

Cuando la corteza terrestre se fractura se forman grandes trozos, las placas tectónicas, y flotan sobre una capa llamada manto, que está bajo la superficie. Es algo parecido a las láminas de hielo que flotan sobre el agua.

Cuando esta placas se encuentran, cruzan o chocan entre ellas, se originan presiones grandes y muy vigorosas. Estas fuerzas tremendamente intensas pueden plegar, combar, elevar y romper la superficie de la Tierra y dar lugar a toda una amplia gama de montañas.

Cuando ejerciste presión desde los extremos del rollo de arcilla hacia el interior, reprodujiste el fenómeno de la formación de montañas con colinas y valles. La forma de colina, la más grande del centro, es una formación anticlinal. Si en la arcilla aparece una forma de ola como una S, con una depresión en el centro, es una formación sinclinal. La cadena montañosa de los Apalaches, en Norteamérica, se formó por plegamiento.

Tsunami: una ola sísmica

Si recibieras algo de dinero cada vez que estás en las últimas, sin blanca, diríamos que «te sacan de apuros» o que te ayudan a salvar el bache hasta que recibas la paga. Pero un tsunami, una palabra japonesa que designa las grandes olas oceánicas, sí que te ayuda a salir del bache..., es un ¡maremoto!

En esta actividad, puedes crear tu propia ola tsunami, lo que te permitirá comprender mucho mejor cómo se forman estas olas sísmicas gigantes y, debido a su enorme potencia, los peligros que ocasionan. En realidad es un experimento estupendo para un día caluroso de verano porque te vas a empapar. Así que ponte ropa vieja o ¡sé muy, muy cuidadoso!

Necesitas:

Un recipiente hondo
Agua
2 bloques de madera

Cómo hacerlo:

Llena el recipiente con agua y deposita los bloques de madera sobre el fondo, de forma que queden completamente cubiertos por el agua. El objetivo de este experimento es comprimir o presionar rápidamente el agua entre los bloques. Así que coge uno de los bloques y con rapidez lánzalo contra el otro. Hazlo una y otra vez. Continúa con esta acción de presión hasta que los bloques ya no puedan comprimir más agua.

Qué sucede:

El movimiento de los dos bloques, lanzados con rapidez uno contra otro bajo el agua, obliga al oleaje a ascender a la superficie, donde se forman olas que salpican los lados del recipiente.

Por qué:
La acción de los bloques y el agua en este experimento es similar a las condiciones que generan en las profundidades del océano las gigantescas olas tsunami. Los grandes terremotos y las erupciones volcánicas en el fondo del océano provocan que grandes cantidades de agua oceánica se compriman y salgan a la superficie. Allí se forman grandes murallas de agua que amenazan a las cercanas ciudades costeras. Estas olas gigantescas a veces alcanzan alturas de 15 a 30 m. Puesto que se forman de manera repentina y sin previo aviso, son extremadamente peligrosas y a menudo matan a muchas personas.

Fotografía: di «patata»

La energía lumínica del Sol es tan importante que sin ella *no habría vida sobre la Tierra*. Vamos a utilizar de forma adecuada esta gran fuente de energía a través de una sencilla cámara oscura. Utilizaremos los rayos de luz de alguna estrella cercana –nuestro Sol, por ejemplo– y será una de nuestras más brillantes ideas. Preparados, listos y a decir: «¡patata!».

Necesitas:
Una caja de zapatos con tapa
Pintura de témpera negra
Un trozo de papel encerado o de calco,
    cortado en rectángulo de unos 7 × 12 cm
Tijeras
Cinta adhesiva
Un cepillo

Cómo hacerlo:
Para preparar la cámara, pinta primero el interior de la caja y de la tapa con pintura negra.

Recorta un rectángulo de unos 5 × 10 cm aproximadamente en la mitad de una de las caras laterales de la caja y pega en su lugar el trozo de papel. Ahora tienes una pantalla en uno de los lados de tu cámara oscura.

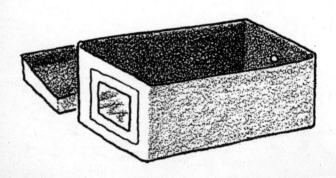

En la cara opuesta de la caja, en el centro, haz con las tijeras y con mucho cuidado un pequeño agujero ($^1/_2$ cm aproximadamente).

Ahora, ya estás listo para actuar. Sal con tu cámara al exterior, busca un lugar soleado, y coloca algo –un amigo, un juguete o cualquier objeto– enfrente. Dirige el lado de la cámara con el agujero hacia el objeto y mantén la pantalla en posición frontal para que puedas observar la visión.

(Véase «Fotografía perfecta: ¡mira el pajarito!» para fotografías de imágenes perfectas.)

Qué sucede:
Cuando diriges la pequeña abertura de la cámara hacia algo, aparece en la pantalla una imagen invertida del objeto, borrosa aunque perceptible.

Por qué:
La imagen o fotografía de la cámara está invertida porque la luz normalmente viaja solamente en líneas rectas. Los rayos de luz desde la parte superior de la imagen inciden en la parte inferior de la pantalla, mientras que los rayos de la parte inferior de la imagen caen en la de arriba.

FOTOGRAFÍA PERFECTA:
¡MIRA EL PAJARITO!

Para que veas una fotografía o una imagen perfecta a través de tu cámara oscura, cúbrete la cabeza con una manta o una toalla. Tapa por completo tanto tu cabeza como la cámara, hasta que todo quede en completa oscuridad; no puede entrar nada de luz. (Esto te recordará a los fotógrafos antiguos que cubrían sus grandes cámaras con trípode con una trapo oscuro para poder sacar las fotografías.)

Encuentra algo o alguien (tu sujeto), situado en la luz, mientras miras a través de la pantalla. Una zona de la casa o una persona en una puesta de Sol es una imagen perfecta.

Mueve la cámara, adelántala, súbela o bájala, hasta que consigas que el objeto esté en el campo de visión. Tómate tu tiempo: tendrás que realizar varias pruebas antes de que tus ojos se acostumbren a la oscuridad, tengan suficiente luz en la caja y encuentren el objeto, pero finalmente todo ello sucederá.

Empañar un cono

Este es un manjar que no puedes comerte, pero tú y tus amigos estaréis encantados con él. En este gran experimento, construirás diferentes tipos de volcanes basados en la ciencia de la tierra y la química. Es sencillo y no necesitas muchos materiales. Así que ¿a qué esperas? ¡Manos a la obra! (¡Precaución! Tira todas las soluciones químicas y lava bien todos los recipientes cuando termines.)

Necesitas:
Una tira de cartulina de 8 × 20 cm aproximadamente
Un recipiente pequeño (un bote de especias
    o de vitaminas)
Una bandeja
$\frac{1}{2}$ cucharada de levadura
$\frac{1}{2}$ taza de agua oxigenada
Tijeras
Clips o cinta adhesiva
Cuchara

Cómo hacerlo:
Forma un cono con la tira de cartulina y cubre el frasco; asegura el cono con el clip o un trozo de cinta adhesiva. Corta los extremos del cono de modo que permanezca estable en posición vertical.

Coloca el cono y el frasco sobre la bandeja y ya estás listo para la acción.

El frasco deberá ser lo suficientemente grande como para contener el agua oxigenada y mantenerse encajado bajo el cono de cartulina. Con el cono sobre el frasco, echa el agua oxigenada seguida de la levadura. Agita bien la mezcla. (Si te resulta más fácil puedes colocar el cono sobre el frasco después de haber agitado la mezcla, pero tienes que hacerlo ¡muy deprisa!) Continúa agitando la mezcla, para obtener buenos resultados, hasta que finalice el experimento.

Qué sucede:

La mezcla de agua oxigenada y levadura produce espuma, vapor y un silbido que procede del «volcán» de cartulina.

Por qué:

Los ingredientes colocados en el recipiente bajo el cono producen una reacción o cambio químico. Se llama exotérmico porque, además de espuma, vapor y silbidos, emite calor. Si tocas el borde y los lados del recipiente o la cuchara de agitar, especialmente si es de metal, notarás el calor.

En un volcán real, la roca caliente fundida, el magma del interior de la Tierra, sale en erupción a través de las fisuras o grietas. Esta roca en movimiento, la lava, a veces fluye desde la abertura de los lados del volcán o se arroja de forma explosiva, o revienta en espuma, humo, ceniza y rocas. Aunque tu modelo de volcán es pequeño y sencillo, te proporciona una idea de cómo es la erupción real de un volcán.

Jolgorio de alambres calientes

Las rocas del interior de la Tierra pueden cambiar a causa de la presión y plegarse, y estas presiones originan calor. Haz este experimento y verás lo que sucede.

Necesitas:

Una percha   Una vela   Un adulto
    de alambre

Cómo hacerlo:
Coge una percha vieja. Pide a una persona mayor que te la prepare para el experimento, estirándola o cortándola. Coge la percha y dobla una sección rápidamente hacia delante y atrás, en el mismo lugar, entre unas 30 y 50 veces. Rápidamente, coloca la sección doblada sobre la vela (apagada). No toques el alambre.

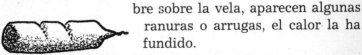

Qué sucede:
El alambre de la percha se ha calentado. Al poner el alambre sobre la vela, aparecen algunas ranuras o arrugas, el calor la ha fundido.

Por qué:
En las profundidades de la Tierra algunas rocas, llamadas metamórficas, se originan por un plegamiento constante que produce calor y cambia la composición de las rocas, su estructura. El mármol y el cuarzo son ejemplos de rocas metamórficas.

En nuestro experimento, el movimiento constante y rápido de la percha produce calor, que cambia o funde parcialmente la cera, del mismo modo que la presión y el calor del interior de la Tierra funde y cambia las rocas.

Una experiencia fulgurante de la Tierra

Las cuevas de piedra caliza son excavadas por el agua de la lluvia, que es ligeramente ácida y, a lo largo de miles de años, disuelve gradualmente y sin parar la roca blanda.

Necesitas:
Un trozo de tiza
$^1/_2$ taza de vinagre
Un frasco pequeño

Cómo hacerlo:
Coloca el trozo de tiza en el frasco con el vinagre y déjalo en reposo unos cinco minutos.

Qué sucede:
La tiza de disuelve rápidamente en la solución de vinagre o ácido acético.

Por qué:
La tiza escolar es un tipo de piedra caliza, o carbonato de calcio. Está formada por pequeños fragmentos de conchas marinas y mineral de calcita y es similar a las rocas blandas de las cuevas de caliza. Estas cuevas se han formado al

disolverse la roca por la acción de los ácidos del agua de la lluvia, de modo semejante a como el vinagre (ácido acético) disuelve la tiza. Los famosos acantilados blancos de Dover son de tiza, una forma de carbonato de calcio.

Conchas sobresaltadas

Reemplaza la tiza por unas cuantas conchas, otro tipo de carbonato de calcio, y verás con qué rapidez se disuelven por completo.

Necesitas:
Algunas conchas marinas
2 frascos pequeños
$\frac{1}{2}$ taza de vinagre
$\frac{1}{2}$ taza de agua
Un periódico
Una cuchara

Cómo hacerlo:
Introduce en el frasco con el vinagre algunas conchas y otras cuantas en el otro frasco con el agua (para hacer la comparación). Deja las conchas en reposo en cada una de las soluciones durante tres o cuatro días.

Saca las conchas de los frascos, colócalas sobre el periódico o en una tabla y, con cuidado, intenta romperlas con la cuchara.

Qué sucede:
Las conchas del frasco de agua permanecen igual, mientras que las conchas colocadas en el vinagre se rompen y desmenuzan con gran facilidad. Además estarán recubiertas con una sustancia blanca «tizosa» (carbonato de calcio).

Por qué:
Las conchas del agua son el control del experimento para poder compararlas con las del otro frasco, afectadas por el vinagre. Hay ácido en el agua de lluvia así como hay ácido en el vinagre. El ácido disolverá el carbonato de calcio si está en forma de roca de cueva, tiza o concha. En algunas zonas del mundo, la lluvia es tan ácida como el vinagre.

Derritiendo glaciares

Puedes aprender una gran cantidad de cosas sobre los glaciares al fabricar el modelo de uno. Será mejor que lo hagas en el exterior. Pide ayuda a una persona adulta.

Necesitas:

Una taza pequeña o el envase de un yogur

Piedras pequeñas o guijarros

Clavo y martillo

Una cinta de goma elástica

Arena

Agua

Un congelador

Una tabla para hacer una plataforma inclinada

Un reloj

Cómo hacerlo:

Deposita en el fondo del recipiente una capa de arena y grava de un par de cm aproximadamente, y sobre ella un poco de agua. Introdúcelo en el

congelador. Cuando sea un sólido helado, repite el proceso, añade arena, grava y agua, y luego métalo en el congelador. El recipiente debe quedar lleno hasta el borde.

Luego, con mucho cuidado y con ayuda del martillo, introduce el clavo hasta la mitad en uno de los extremos de la tabla. Coloca este extremo sobre un objeto inmóvil de forma que consigas una plataforma inclinada. Ya estás listo para el experimento.

Saca tu modelo de glaciar del congelador. Calienta los lados del envase con agua caliente hasta que consigas desprender el glaciar del envase. Coloca el glaciar sobre la tabla, en la parte más alta, y extiende la cinta de goma, sujetando un extremo en el clavo y el otro en el centro del glaciar. ¿Cuánto tarda tu glaciar en fundirse, moverse o dejar un depósito de piedras y arena? Cronométralo.

Qué sucede:

Dependiendo de la temperatura, comenzará a derretirse inmediatamente, incluso en los días fríos. Los depósitos de piedras y arena se desprenderán en macizos, algunos se deslizarán por la tabla, mientras que otros fragmentos se quedarán sobre la superficie dando lugar a extrañas formas, tal y como sucede con la morrena o materia residual de un glaciar.

Por qué:

Los glaciares son grandes masas de hielo que se mueven por las laderas montañosas y los valles, excavando las rocas y la tierra. Los depósitos que dejan los glaciares al moverse pueden observarse en lugares como el Ártico, la Antártida, Finlandia y Groenlandia.

Estas masas gigantes de hielo no se moverían si no fuera por las grandes presiones que ellas mismas ejercen. La fuerza de estas presiones origina fases de calentamiento y descongelación. El hielo vuelve a congelarse, pero cuando llega el deshielo se origina de nuevo un movimiento deslizante.

Los glaciares se mueven, desprenden y recogen toneladas de rocas y arena y las depositan en ciertos lugares. Las formaciones rocosas o los depósitos que dejan tras ellos son las morrenas. Tal y como sucede en la realidad, nuestro experimento de un glaciar en miniatura te demuestra cómo y por qué estos depósitos de piedra y arena son así de insólitos y a menudo se colocan de modo desigual.

¡NIEVE! ¡BOLAS DE HIELO!

Esta sencilla actividad te ayudará a comprender cómo se forman los descomunales glaciares.

Los glaciares se producen cuando la nieve está compactada o consolidada. Durante el invierno, cuando haya nieve sobre el suelo, sal y coge un poco. Si no es invierno, pregunta cómo puedes triturar hielo en una licuadora o un minipimer, para que puedas aprender algunas cosas sobre los glaciares.

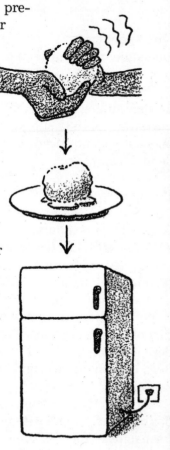

Compacta o presiona la nieve o el hielo triturado con tus manos hasta que formes una bola apretada (notarás cómo se hace sólida). Deja que se funda un poco y luego introdúcela en el congelador entre 30 y 60 minutos. El trozo de nieve se convertirá en una sólida bola de hielo.

Piensa que toda la nieve que cae sobre las montañas, día tras día, comprime la nieve que hay debajo, y puedes imaginarte lo que sucede con esta nieve y cómo se forman los grandes glaciares.

VIAJEROS

DEL UNIVERSO

Puesto que nuestro planeta se mueve continuamente a través del espacio, el tiempo y las estaciones se repiten en ciclos constantes, día tras día, año tras año.

Los sencillos experimentos de este capítulo te ayudarán a complementar esta lectura sobre la Tierra y el lugar que ésta ocupa entre los planetas del sistema solar; gracias a ellos comprenderás mejor el tiempo y el espacio y la razón por la que las cosas suceden.

De modo que reúne tus materiales y prepárate para realizar estos sencillos, interesantes y oportunos experimentos. ¡Diviértete!

Alrededor de un palo

Vas a construir un sencillo reloj de sol que te permitirá observar el movimiento de la sombra que proyecta un palo o vara, un gnomon, y además podrás medir el tiempo. El ángulo de la sombra cambiará con la rotación de la Tierra.

Observa las sombras alrededor del palo y verás cómo pasa el tiempo, ¡es una buena manera de emplear tu tiempo!

Necesitas:
Un palo
Piedras u otros objetos
    para marcar
Un día soleado
Lápiz y papel

Cómo hacerlo:
Localiza un sitio soleado en tu jardín o cerca de tu casa y clava el palo en el suelo. A una hora en punto, señala con una piedra el extremo de la sombra que se proyecta en el suelo y anota la fecha y la hora en un papel. Haz lo mismo una hora más tarde: anota la hora y señala la sombra con una piedra. Continúa realizando estos pasos hasta que tengas un reloj solar completo y marcado (calibrado).

Qué sucede:
La forma de la sombra que produce la luz solar al incidir sobre el gnomon, o palo, cambiará de ángulo y de longitud de acuerdo con los movimientos del Sol en el cielo, de este a oeste.

Por qué:
Aunque parece que el Sol se mueve de este a oeste, en realidad es la Tierra la que se mueve o gira alrededor del Sol. Además de describir una órbita en torno al Sol, el movimiento de traslación, la Tierra también gira sobre su eje,

da vueltas como una peonza. Esta rotación en relación al Sol es la que nos permite medir el tiempo, y la noche y el día. El Sol al caer sobre el gnomon proyecta una sombra en un determinado momento del día, y será la misma proyección la que haga al día siguiente, y al siguiente, mientras la Tierra siga girando.

Por la mañana, la sombra será larga y delgada y señalará al oeste. Al mediodía, cuando el Sol esté en el punto más alto, la sombra será corta y señalará hacia el norte (en el hemisferio norte, y hacia el sur en el hemisferio sur). Por la tarde, la sombra señalará directamente hacia el este.

El tiempo en mis manos

Es importante que compruebes y vuelvas a comprobar todos los experimentos hasta que estés seguro de que los resultados que obtienes provienen de tus hipótesis o conjeturas científicas. Si no eres cuidadoso, otras causas o variables podrán afectar a los resultados finales.

Para asegurarte de que la sombra siempre se manifiesta del mismo modo, realiza de nuevo el experimento del capítulo «Alrededor de un palo», pero esta vez utiliza un gnomon fabricado con un lápiz, con objeto de que puedas compararlo con la sombra del palo. Éste es un experimento de «control» para comparar la sombra del lápiz con la del palo.

Necesitas:
2 lápices
Un trozo
   de arcilla
Lápiz y papel

Cómo hacerlo:
Con la arcilla, haz un disco plano de unos 5 cm de diámetro, para formar una base. Clava la punta del lápiz sobre el disco de arcilla. Ahora tienes un sencillo gnomon de mano. Coloca este gnomon alineado y ajustado de acuerdo con la forma de la sombra de la versión del palo. Anota la posición exacta en la que lo colocas junto a la sombra del palo, y manténlo en esta posición cada vez que leas o compruebes el experimento. (Ejemplo: Coloca la base de arcilla del gnomón manual junto al lugar donde está clavado en el suelo el palo y alinea o ajusta las sombras de las dos varas, de modo que sean paralelas o muy próximas una a otra.)

¿Está la sombra alineada o en la misma posición que la otra? Coloca otro lápiz en la base de arcilla del gnomon manual. Clávalo sobre la arcilla y marca dónde se pro-

yecta la sombra. Continúa comparando la sombra del
gnomon de lápiz con la del palo clavado en el suelo. Señala cada una de ellas con piedras u otro tipo de mar-
cadores. ¿Cuáles son las similitudes y las diferencias?
¿Cambia la posición de todas las sombras de igual manera? ¿Crecen o se acortan las distintas sombras? Y si es así,
¿cuándo sucede?

La máquina de proyección del tiempo

Con este sencillo experimento comprobarás cómo el Sol es un tipo de máquina del tiempo.

Necesitas:
Un cuadrado de cartulina
   de unos 10 × 10 cm
Una ventana soleada   Tijeras
Un reloj o cronómetro   Lápiz
2 hojas de papel   Cinta adhesiva

Cómo hacerlo:
Recorta un agujero de unos dos centímetros en la mitad del cuadrado de cartulina y pégalo sobre una ventana orientada hacia el sur. Pega el cuadrado de forma que un rayo de sol incida e ilumine una zona despejada del suelo. Coloca un papel en el lugar donde incida el rayo de sol en el suelo, de modo que el rayo se pose sobre el papel.

Dibuja un círculo alrededor del lugar donde cae el rayo de luz y anota en el papel la hora exacta. Continúa realizando esta operación y midiendo el tiempo cada treinta o cuarenta minutos. Utiliza más papel y registra el tiempo y el movimiento que observes.

Qué sucede:
El lugar donde incide la luz del sol se mueve de izquierda a derecha y cambia su posición tal y como cambia el tiempo.

Por qué:
La Tierra gira de oeste a este cada 24 horas, mientras viaja alrededor del Sol. Este movimiento de la Tierra es el que produce los movimientos del rayo solar y cómo va cambiando e incidiendo sobre un papel y más tarde sobre otro, tal y como se va moviendo la Tierra desde el amanecer hasta el atardecer.

PAPELILLOS ESTACIONALES

¿Caerá el rayo de Sol en el mismo lugar a las 8:00 a. m. en verano que a las 8:00 a. m. en invierno?

Si consigues encontrar una habitación desocupada y con una ventana orientada hacia el sur y no molestas a nadie, ¡procura realizar este experimento a largo plazo! Una habitación tranquila y con una superficie de suelo grande será un lugar excelente para llevar a cabo este experimento.

Repite los pasos del capítulo «La máquina de proyección del tiempo», pero en esta ocasión sustituye los trozos de papel por cuadrados de papel de unos 10 cm de lado.

Pégalos al suelo, sobre el lugar en el que incidan los rayos de sol, a la misma hora pero en distintos períodos del año. Por ejemplo, a las 10:00 a. m. del 1 de octubre y a las 10:00 a. m. del 22 de diciembre del mismo año.

¿Percibes alguna diferencia en las localizaciones de los cuadrados de papel de una estación a otra?

Astrolabio de cordel

Los exploradores y marineros antiguos utilizaban un goniómetro sencillo, un astrolabio, para determinar su posición y la ruta a seguir cuando estaban en alta mar. Puedes construir tu propio astrolabio y establecer posiciones sobre la Tierra con materiales baratos y fáciles de encontrar.

Necesitas:

Un transportador de ángulos (lo encontrarás en una papelería)

Un contrapeso (una arandela, un tornillo, un clip, etc.)

Un lápiz nuevo

Tijeras

Cordel o hilo grueso

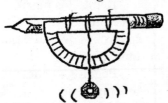

Cómo hacerlo:

Ata un trozo del cordel en la mitad del lado recto del transportador de ángulos. El cordel será algo más largo que el tamaño del transportador. Ata en el otro extremo el contrapeso. Luego fija el lápiz con dos trozos del cordel al lado recto del transportador.

Ya estás listo para utilizar tu astrolabio. En una noche clara y estrellada, orienta tu instrumento y céntralo en la dirección de la Estrella Polar. El cordel con el contrapeso penderá sobre una de las marcas del transportador, que te señalará tu latitud. Ten paciencia y haz este experimento varias veces hasta que logres lecturas exactas.

Qué sucede:

El instrumento, cuando señala a la Estrella Polar, te permite establecer la latitud de tu posición sobre la

Tierra. La latitud de un lugar es su altura, expresada en grados, sobre el ecuador.

Por qué:

El transportador de tu astrolabio es un instrumento semicircular usado para medir los ángulos. Cuando orientas tu instrumento hacia la Estrella Polar, la cuerda con el contrapeso se alinea sobre una de las señales de los grados en el transportador.

Así, podrás obtener tu latitud sobre la Tierra.

(Véase recuadro «Cómo encontrar la Estrella Polar».)

CÓMO ENCONTRAR LA ESTRELLA POLAR

La Estrella Polar o Polaris se ve solamente en la parte norte del cielo. Esta estrella parece como si estuviera fija en un lugar, puesto que su posición está sobre el Polo Norte. Su brillo es pálido porque está a una distancia de 400 años luz.

La Estrella Polar está enfrente de la constelación de la Osa Mayor, también llamada Carro. Si trazaras una línea imaginaria que uniera las siete estrellas que la componen (punto a punto), tendrías la forma de una taza con un asa muy larga. Las dos estrellas más alejadas del asa determinan una recta que pasa por la Estrella Polar.

LA CRUZ DEL SUR

¿Las personas que viven en el hemisferio sur, o en la mitad sur del mundo, ven las mismas estrellas que se divisan en la mitad norte de la Tierra?

Si vives en el hemisferio norte, no podrás ver todas las estrellas que hay en la mitad sur del mundo. Lo mismo, pero de manera inversa, les sucede a los que habitan la mitad sur.

Si, no obstante, tú vives en la línea imaginaria, o muy cerca, que rodea la Tierra en la mitad, el ecuador, verás todas las estrellas de ambas mitades.

Mientras que las personas del hemisferio norte pueden observar la Estrella Polar, que parece estar fijada directamente sobre el Polo Norte, en el hemisferio sur no hay una estrella que se identifique de forma tan clara con el Polo Sur.

La Cruz del Sur, en el hemisferio austral, es una constelación o grupo de estrellas formada por cuatro estrellas cruzadas y brillantes y otras siete de menor brillo, de las cuales dos, como sucede con la Osa Mayor, señalan al Polo Sur. La Cruz del Sur, sin embargo, no es un buen localizador de este polo. No siempre aparece como una cruz y a menudo es difícil de ver. Por lo tanto, el hemisferio sur no tiene una estrella «polar» visible que se identifique en el cielo.

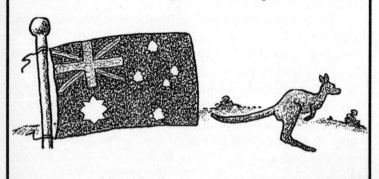

Meteoro incandescente:
¿verdad o fricción?

Los meteoros son pequeños fragmentos de rocas, lo más probable es que sean fragmentos de cometas o asteroides, que giran con rapidez alrededor del Sol en el espacio exterior. Cuando caen y atraviesan la atmósfera de la Tierra, se vuelven incandescentes. Ahora, gracias a este sencillo experimento, puedes descubrir cómo sucede.

Necesitas:
Una botella de dos litros,
    llena de agua
$^1/_2$ pastilla de alkaseltzer
    (u otra pastilla efervescente)

Cómo hacerlo:
Introduce la mitad de la pastilla en la botella de agua y observa lo que sucede, cómo cae hacia el fondo.

Qué sucede:
La pastilla se disuelve o rompe en fragmentos muy pequeños que desaparecen a lo largo de su trayectoria hacia el fondo de la botella.

Por qué:
El agua representa la atmósfera de la Tierra y la pastilla efervescente, el meteoro.

Como les sucede a los meteoros, la pastilla se divide en muchos fragmentos diminutos que van cayendo al fondo de la botella (la superficie de la Tierra). A diferencia de la pastilla, el meteoro se precipita desde el espacio exterior a velocidades tan grandes que la fricción, o la fuerza de frotamiento de su superficie contra la atmósfera de la Tierra, produce el calentamiento de la roca espacial y el fragmento incandescente se deshace y explosiona.

La mayoría de los meteoros no tiene un tamaño mayor que el de una piedra pequeña, pero cada cierto tiempo unos fragmentos un poco más grandes llegan hasta la superficie de la Tierra como meteoritos.

El ojo estrellado

Haz una caja de luz estelar y aprende cómo son las constelaciones, o sea, las agrupaciones de estrellas. Es divertido y fácil, y alcanzarás el estrellato con tus amigos.

Necesitas:

Una caja redonda con tapa   Una linterna eléctrica
Un clavo   Un lápiz
Una habitación
    oscura

Cómo hacerlo:

Perfora con el clavo la tapa de la caja y haz «estrellas». Sigue el modelo de un grupo de estrellas que puedes seleccionar de las cartas de los cielos nocturnos de algún libro de astronomía o directamente observando con atención el cielo por la noche, en el lugar en el que vives.

En función del tamaño de la caja y de la tapa, podrás perforar el modelo de una constelación grande o dos e incluso más, si son pequeñas. Recoge y usa otras cajas, o fabrícate una, para otras constelaciones. Al rotar la tapa o girar la caja, puedes hacer que se muevan las constelaciones.

Luego, señala sobre un extremo de la caja y en el centro la forma y el tamaño de la parte inferior de la linterna y dibuja un círculo alrededor. Cuando termines, recorta un agujero e introduce por él la linterna. (También puedes introducirla quitando la tapa y empujando el mango a través del agujero.)

Ahora estás listo para deslumbrar a tus amigos con tu nueva caja de estrellas. Entrad en una habitación oscura e ilumina, con la linterna, el techo o una pared, y divertíos con el espectáculo del ojo estrellado.

Qué sucede:
Tu caja de luz proyecta grupos de pequeñas formas de estrellas, zonas iluminadas, sobre el techo o la pared.

Por qué:
Las diferentes constelaciones parece que recorren el cielo y solamente resultan visibles en períodos determinados del año. De

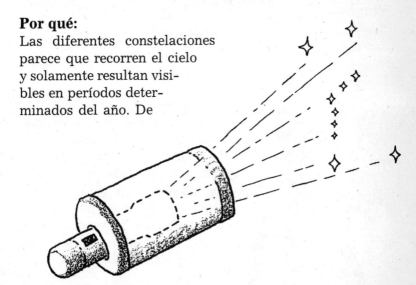

semana en semana, y a la misma hora cada noche, sus posiciones cambian, y se mueven un poco hacia el oeste.

La órbita o trayectoria que hace la Tierra alrededor del Sol, y su posición en determinados períodos del año, determina que puedas o no ver ciertas constelaciones. En invierno, las constelaciones veraniegas están ocultas por la luz solar, mientras que las constelaciones invernales están ocultas durante el verano.

Paralaje

Los científicos pueden calcular matemáticamente las distancias que separan a las diversas estrellas de la Tierra.

Cuando miramos las estrellas, comprendemos lo que hemos aprendido sobre su posición exacta y lo lejos que están. Pero lo que nos dicen nuestros ojos y nuestro cerebro puede no ser totalmente correcto.

Si pasamos por delante de una casa, la casa no se mueve pero su posición varía en función del ángulo desde el que la miremos. Esto es el paralaje y este sencillo experimento te mostrará en qué consiste.

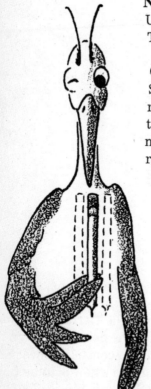

Necesitas:

Un lápiz
Tus dos ojos

Cómo hacerlo:

Sostén el lápiz de forma vertical, recto, ante tus ojos. Luego, guiña tu ojo izquierdo y ábrelo rápidamente y después cierra el ojo derecho. Repítelo una vez más. Continúa cerrando con rapidez primero un ojo y después el otro y observa lo que sucede con el lápiz que tienes ante ti.

Qué sucede:

El lápiz salta y se mueve de un lado a otro. ¿Dónde está *realmente*? ¿Puedes averiguarlo? Inténtalo...

Imágenes en movimiento

Realiza de nuevo el experimento del paralaje, pero esta vez observa tanto un lápiz cercano como un objeto distante, por ejemplo una lámpara o una mesa, que estén al fondo. ¿Cómo los ves? ¿Cambia la posición de un objeto más que la de otro?

Qué sucede:
Aunque el lápiz parece cambiar de posición, o moverse de un lado a otro, como sucedió antes, el objeto distante no se mueve.

Por qué:
El lápiz no se mueve en realidad, el que lo hace es el ángulo de visión. El ángulo entre el lápiz y tu ojo cambia y, por consiguiente, la posición del lápiz también, pero solamente en tus ojos y en tu cerebro. Este desplazamiento aparente se llama paralaje, y es clave para hallar la distancia. Cuanto más cercano está un objeto, mayor será su desplazamiento aparente, mientras que los objetos lejanos no se mueven. De la misma manera, el paralaje hace que parezca que las estrellas cercanas se muevan; sin embargo, las que están muy lejos parecen estar fijas.

Para observar el desplazamiento de las estrellas, los astrónomos (los científicos que estudian y observan el universo desde nuestro sistema solar hasta las galaxias más lejanas) miden las posiciones diferentes de las estrellas en dos períodos distintos del año puesto que la Tierra sigue su órbita alrededor del Sol. De esta manera, pueden calcular la distancia entre las estrellas y la Tierra.

Huella de estrella

Nuestro Sol es una estrella, una enorme bola incandescente de gas hidrógeno a muchos millones de kilómetros de aquí. Pero es posible aprender cosas sobre el Sol analizando la luz que nos llega. Es fácil de hacer.

Necesitas:
Un vaso lleno de agua hasta la mitad
Una hoja de papel
Un lugar al aire libre, soleado

Cómo hacerlo:
Busca un lugar al aire libre, completamente soleado, para llevar a cabo tu experimento. Coloca la hoja de papel sobre una tabla en el suelo, en el lugar donde realices el experimento.

Luego, sostén firmemente el vaso con el agua entre los dedos pulgar e índice sobre la hoja de papel. La distancia entre el vaso y el papel debe ser aproximadamente de 7 a 10 cm. No cojas el vaso con toda la mano, como se hace habitualmente. Es importante que lo sujetes tal y como te he indicado, para que no tapes los lados del vaso.

Ten cuidado para que no se caiga o rompa el vaso y puedas cortarte.

Mueve el vaso hacia arriba y abajo e inclínalo un poco, enfocando la luz sobre el papel hasta que observes un patrón ligeramente coloreado.

Qué sucede:
El vaso de agua actúa como un prisma y proyecta un arco iris sobre el papel.

Por qué:
Un vaso de agua puede actuar como un prisma, o en ocasiones puede cambiar la dirección de la luz de modo que los haces de colores pueden ser observados y estudiados, puesto que la luz en realidad es una combinación de muchos colores.

Cuando la longitud de onda de la luz se desplaza y cambia por el vaso de agua, el color se manifiesta. La luz del sol muestra muchos colores. Los astrónomos pueden señalar qué elementos o gases forman una estrella mediante el estudio de los colores (espectro) de la luz que emite.

PRISMAS

¿Qué tipos diferentes de cristal sirven mejor como prismas para proyectar arco iris sobre el papel?

Realiza el mismo experimento anterior, pero usa vasos de diferentes tamaños, e incluso de diferente forma. ¿Qué sucede con un vaso de color? ¿Descompondrán la luz en colores también? ¿Será mejor un vaso lleno de agua que uno con la mitad?

Haz una amplia gama de experimentos y anota tus observaciones y resultados. Cuando hayas terminado, sabrás cuál es el mejor tipo de cristal.

Bien enfocado

Las estaciones del año dependen de la inclinación de la Tierra y la concentración de la luz solar en los diferentes períodos del año en los hemisferios norte y sur. Este sencillo experimento te explica cómo sucede.

Necesitas:
Un cronómetro o un reloj
Una linterna
Un termómetro
Una lata o cualquier otro objeto
    para sujetar el termómetro
Papel y lápiz

Cómo hacerlo:
Apunta la temperatura del termómetro. Apoya el termómetro,
con el cristal hacia fuera, contra el foco de la linterna. Déjalo en esta posición, cronometra el tiempo durante tres minutos. Anota ahora la temperatura.

Después de la primera lectura contra la linterna, pon el termómetro bajo el agua fría hasta que la temperatura regrese a la posición inicial, cuando comenzó la prueba.

Luego, apoya el termómetro en un soporte que lo mantenga derecho, para poder iluminarlo desde una distancia aproximada de unos 30 centímetros.

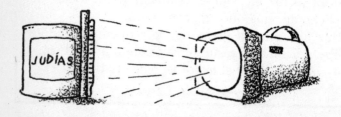

De nuevo, anota la temperatura que registre después de transcurridos tres minutos.

Qué sucede:
El termómetro apoyado contra la linterna y en contacto directo con la luz registró unos cuantos grados de calor. Sin embargo no se observaron cambios cuando la luz se proyectó desde una distancia corta.

Por qué:
La concentración de la luz sobre zonas diversas de la Tierra, en el mismo momento del año, varía y produce distintas temperaturas, como en nuestro experimento.

Cuanto más oblicuamente llega la luz, menor será la temperatura.

El hemisferio norte, la mitad superior de la Tierra, recibe la luz más oblicuamente en diciembre y por tanto la superficie iluminada es mayor, mientras que el hemisferio sur, o la mitad inferior de la Tierra, recibe la luz más directamente, con mayor fuerza y concentración. Esto explica por qué, en diciembre, es invierno en Nueva York o Madrid y verano en Sydney, Australia.

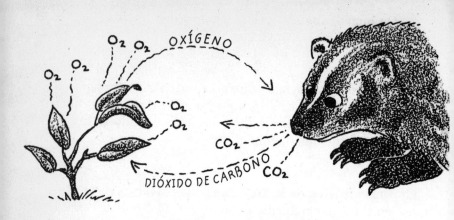

LECCIONES FRONDOSAS

No podríamos vivir sin plantas. Toma en consideración estos factores:

• Las plantas, los humanos y los animales mantienen el equilibrio de la atmósfera de la Tierra.

• Las plantas, a través de la fotosíntesis, fabrican su propio alimento, al tomar dióxido de carbono y emitir oxígeno.

• Los animales y los humanos obtienen, al alimentarse de plantas, gran cantidad de azúcares y almidones.

• Cada día las plantas emiten al aire millones de toneladas de agua (transpiración).

• Algunos científicos creen que la disminución del número de árboles y un aumento en la respiración de humanos y animales pueden elevar la cantidad de dióxido de carbono que hay en la atmósfera y causar el calentamiento de la Tierra.

Los experimentos de este capítulo responderán a estas cuestiones relacionadas con el crecimiento de las plantas, pero lo que es mucho más importante, te enseñarán por qué los vegetales son tan importantes para nuestras vidas.

Hojas de oxígeno

¿Hojas de oxígeno? Exacto, ¡hojas de oxígeno! ¿Qué hojas? ¿Confundido? Lleva a cabo este experimento y lo comprenderás. Aprenderás también dos nuevos e importantes términos: estoma y fotosíntesis.

Necesitas:

Un frasco trasparente, pequeño
    y de boca ancha
Una hoja
Una lupa

Cómo hacerlo:

Llena el recipiente con agua y deja caer la hoja en el interior. Colócalo en un lugar soleado al aire libre o sobre el alféizar de una ventana. Déjalo ahí por lo menos una hora, o hasta que notes que el recipiente está caliente. Con la lupa, observa lo que sucede en el interior.

Qué sucede:

Miles de diminutas burbujas aparecen en la superficie de la hoja en el interior del frasco.

Por qué:

Las burbujas se forman por el oxígeno que emite la hoja.

Una planta necesita ciertos elementos y luz solar para elaborar su propio alimento. Este proceso es la fotosíntesis. «Foto» y «síntesis» significan «luz» y «unión». Cuando el agua, el aire, la clorofila (que produce el color verde) y la luz del sol se unen de alguna manera en la planta, fabrican su propio alimento. Si desapareciera alguno de estos elementos, la planta no podría vivir.

El dióxido de carbono, un gas, se introduce a través de unos agujeritos diminutos que hay en la parte interior de la hoja, el envés, y se llaman estomas. Las plantas utilizan la luz solar y la clorofila y las combinan con agua y dióxido de carbono para transformar todos estos elementos en el alimento que necesitan. Este alimento, por lo general, es un tipo de azúcar que finalmente se transforma en almidón. El oxígeno se emite como un producto sobrante. Ahora ya sabes por qué hay burbujas sobre la hoja del recipiente.

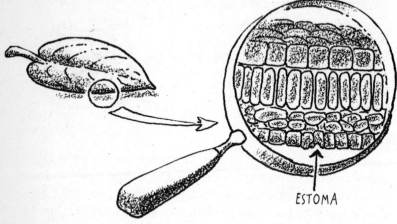

ESTOMA

¡NO ME DEJES SOLO!

Ahora vamos a ver lo que sucede si al hacer el experimento colocas el recipiente a la sombra.

¿Qué sucede si la hoja está en un lugar soleado *antes* de que realices la prueba? Coge una hoja que esté al aire libre en un lugar soleado e introdúcela en un recipiente con agua; coge una segunda hoja, que no esté en un lugar soleado, por ejemplo, de una planta de interior, y métela en un segundo recipiente. Pon ambos frascos al aire libre en un lugar soleado. ¿Hay alguna diferencia?

Realiza este experimento luego en el interior. ¿Aparecen burbujas sobre la hoja o en el frasco?

Recuerda siempre anotar tus observaciones y los resultados de los experimentos.

Fototropismo: buscando la luz

Las plantas siempre crecen hacia el Sol. Se doblan hacia arriba, aunque estén tumbadas.

Necesitas:

2 cuadrados de plástico
    de unos 10 cm de lado
2 tiras de goma elástica
Un recipiente pequeño
    poco profundo
1 rama de mala hierba
    con hojas, tallos y
    un buen sistema de
    raíces

Lápiz y papel
1 servilleta de papel
Tijeras

Cómo hacerlo:

Coge los dos cuadrados de plástico. Puedes recortarlos de algún recipiente de plástico. Dobla la servilleta de papel para ajustarla al tamaño de los cuadrados de plástico y coloca encima las raíces de la planta.

Pon encima el segundo cuadrado de plástico, formando un bocadillo; asegúrate de que los tallos y las hojas de la planta queden fuera del bocadillo de plástico. Finalmente, fija los dos cuadrados de plástico con las tiras de goma elástica, para evitar que se caigan o deslicen.

Coloca el «bocadillo de mala hierba» en un recipiente con agua, en un lugar a la sombra pero cerca de una ventana orientada al sur (o al norte si vives en el hemisferio

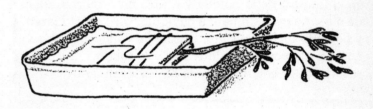

austral). Asegúrate de que siempre haya unos 2 cm de agua en el fondo del recipiente. Haz dibujos todos los días de la posición de tu planta. Ten paciencia. Espera al menos cuatro o cinco días para obtener resultados.

Qué sucede:
Las hojas y los tallos de la mala hierba crecen ascendiendo hacia el Sol, a pesar de que la planta esté tumbada.

Por qué:
Las hojas y los tallos de una planta siempre crecerán hacia el Sol, independientemente de que estén tumbadas o boca abajo. En este caso se moverán, torcerán y darán la vuelta hacia la luz. Este proceso es el fototropismo.

SECANDO EL INTERIOR DE LAS BOTELLAS

Para llevar a cabo algunos experimentos necesitarás tener una botella completamente seca. ¿Pero cómo se puede llegar hasta el interior de una botella húmeda y secarla? Es sencillo: mete una o dos toallitas de papel en el interior de la botella y utiliza un destornillador de mango largo, un palo o cualquier otro objeto largo y delgado que te permita presionar y mover el papel absorbente contra los laterales y el fondo y, además, sacarlo de la botella, cuando hayas terminado.

Sudoración o transpiración: ¡no sudes!

Una planta emite agua a través de sus estomas, los diminutos agujeros situados bajo la superficie de la hoja, el envés. Veamos cómo se produce.

Necesitas:
2 botellas pequeñas
    y transparentes
Un trozo de arcilla
Una lupa
Una hoja ancha
    con tallo,
    que haya
    estado expuesta al sol
Un lápiz o un clavo

Cómo hacerlo:
Amasa la arcilla para formar un tapón de unos 4 cm para la botella. El tapón deberá introducirse unos 2 cm en el cuello de cada botella y poder sostener de forma vertical una botella boca arriba y otra boca abajo, una encima de la otra.

Con el clavo o el lápiz haz un agujero en el tapón para introducir el tallo de la hoja; ten cuidado para que no se rompan ni el tallo ni la hoja. Luego, despacio, presiona la arcilla alrededor del tallo. Llena una botella con agua y ciérrala con el tapón con la hoja. (El tapón debe introducirse en el cuello de la botella y el tallo de la hoja deberá rozar el agua.)

Seca los rastros de humedad del tapón y de la hoja y cerciórate de que el tapón no toque el agua –esto produciría humedad en la botella superior e invalidaría el experimento.

Con mucho cuidado, dale la vuelta a la otra botella y ponla sobre la primera, introduciendo la hoja y el tapón a través del cuello. Tapa cualquier abertura con arcilla. Después de una hora, coge la lupa y observa con atención tu experimento.

Qué sucede:

La transpiración en las plantas es como la sudoración de las personas. Una planta pierde vapor de agua a través de los poros, los estomas. Las plantas a veces obtienen demasiada agua de la tierra a través de sus raíces y liberan la que no necesitan a través de estos poros.

¿Sabías que toda el agua del mundo es siempre la misma? En otras palabras, las aguas de la Tierra se reciclan de manera natural a través de la lluvia, las nubes, lagos, ríos, océanos, y de la transpiración de las plantas.

Aunque no puedas verlo, una planta emite litros y litros de agua cada día. ¡Es cierto! Las hojas realmente transpiran tanto que liberan en el aire millones de toneladas de vapor de agua cada día. Este es un proceso que se lleva a cabo en la Tierra y que nunca tenemos en consideración, pero sin él, nosotros no podríamos vivir en este planeta. ¡No sudes, pero deja que lo hagan las *hojas*!

HOJAS DE ÁRBOLES DISTINTOS

En el último experimento, utilizaste una hoja ancha en una botella y viste cómo se formaban gotitas de agua a través del tallo. Pero ¿sería igual el grado de transpiración si utilizaras diferentes tipos de hojas?

Busca más botellas y prueba con diferentes tipos de hojas: anchas, estrechas, dentadas, de helecho, etc. Coloca un grupo en un lugar soleado al aire libre y otro en el interior de tu casa. ¿La cantidad de agua que has visto en la botella «seca» es mayor, menor o igual? ¿Cuáles son tus hipótesis?

Repite el mismo experimento, pero sin la hoja que sirve como control, y apreciarás así que otras cosas no producen gotas de agua. Para que llegues a ser un buen científico de la tierra, es importante que anotes bien los detalles de los experimentos.

TEMOR POR EL BOSQUE TROPICAL HÚMEDO

Los bosques húmedos, donde viven muchas especies tropicales de plantas, árboles y animales, están localizados en las zonas cálidas de nuestro planeta. Cada día se descubren nuevos productos, alimentos y medicinas en estos bosques húmedos. Los árboles y las plantas en los bosques húmedos toman grandes cantidades de dióxido de carbono, y abastecen de oxígeno a nuestra Tierra y así mantienen el aire limpio.

Ahora que ya sabes el trabajo tan importante que realizan las pequeñas plantas, puedes comprender cuánto nos afecta la destrucción del bosque húmedo tropical y la tala de los árboles.

Para los pájaros

El alpiste, las semillas de rábano, las semillas de cebolla o cualquier otro tipo de semillas crecen si los colocas sobre una esponja empapada en agua.

Necesitas:
Una esponja
Un recipiente
    poco profundo
Semillas
Agua
Una lupa

Cómo hacerlo:
Coloca la esponja en un plato o recipiente con agua suficiente como para que se empape. Añade agua poco a poco a medida que la esponja la absorba y se evapore, para mantener el grado de humedad.

Espolvorea una pequeña cantidad de semillas sobre la superficie de la esponja y dale pequeños golpecitos, con suavidad. Coloca el recipiente con la esponja empapada y las semillas en un lugar soleado, por ejemplo en el alféizar de una ventana. Comprueba el proceso cada dos o tres días para ver si han brotado las semillas. Necesitarás observar el proceso con la lupa. Las plántulas, plan-

tas recién germinadas, estarán plenamente desarrolladas en cinco o siete días.

Por qué:
Las semillas secas se hinchan antes de abrirse, cuando las colocas sobre una esponja empapada en agua. Las semillas germinadas comienzan su desarrollo sobre la esponja. El

agua ablanda la parte exterior de la semilla, la cubierta. En este estado, las semillas sólo necesitan, para crecer, alimento, agua y aire. La nueva planta utiliza la semilla para alimentarse, pero finalmente necesita tierra y sol para fabricar su propia comida.

Y ahora qué:

Después de que las semillas hayan retoñado, sácalas de la esponja con mucho cuidado. Introdúcelas en un recipiente con tierra o en una maceta. Ahora te divertirás observando lo rápido que crecen. (Véase «Plantando semillas y plántulas» y «Lecho de agua» para seguir las instrucciones.)

Lecho de agua

¿Pueden crecer las plantas sin tierra? Hidroponía es la ciencia del cultivo de las plantas sin este elemento. ¿Cómo se hace? ¿Es realmente un trabajo? Lo vas a averiguar, sin tierra, en esta importante investigación científica.

Necesitas:
Macetas (con un orificio en el fondo)
Platos o bandejas de poco fondo
Semillas de flores o plantas
Musgo o perlite u otro material absorbente
Fertilizante líquido o en grano
Piedras o trozos de macetas rotas, para el drenaje
Un pulverizador

Cómo hacerlo:
Coloca las piedras o trozos de cerámica en el fondo de la maceta para tapar el agujero y facilitar el drenaje. Llena la maceta con el material para plantar.

Con el pulverizador, humedece bien el material, debe quedar húmedo pero no empapado. Luego introduce y dispersa las semillas, y presiónalas un poco. Si tienes distintos tipos de semillas, es mejor que utilices varias macetas para que tengan espacio suficiente y crezcan mejor. Mantén húmedo el material y coloca las macetas en un lugar soleado, a ser posible una ventana orientada al sur.

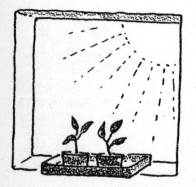

Después de que las plantas hayan germinado, riégalas con una mezcla de agua y fertilizante. (Lee las instrucciones del paquete y cómo se diluye el contenido en el agua.) Mantén húmedas las plantas, pero sin regarlas en exceso.

Qué sucede:

Las semillas crecen y se convierten en plántulas saludables o jóvenes plantas sin utilizar ningún tipo de tierra.

Por qué:

Las plantas necesitan aire, agua y luz para crecer, pero la tierra no es imprescindible. Las plantas pueden crecer sin tierra, si se reemplazan los minerales que obtienen habitualmente de la tierra por fertilizante. La hidroponía, o el cultivo de las plantas sin tierra, puede convertirse en el futuro en un recurso agrícola.

Raíces de filodendro

Si tienes en tu casa una de estas comunes plantas, realiza este experimento: si no la tienes, no te preocupes, utiliza otra planta. De una u otra forma, puedes apreciar cómo crece una planta a partir de un tallo.

Necesitas:

Un trozo de tallo, de unos 10 cm aproximadamente, de filodendro o cualquier otra planta, al que quitarás las hojas de los lados (corta el tallo por la zona anterior a una pequeña protuberancia, el nudo)

Frascos

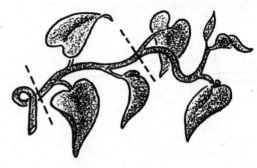

Cómo hacerlo:

Coloca el trozo de filodendro en un frasco con agua. Asegúrate de que el agua cubra la zona de la que arrancaste las hojas y espera pacientemente hasta que crezcan las raíces. Tardarán en salir algunas semanas.

Qué sucede:

Se forman largas raíces marrones, como hilos, en las zonas cicatrizadas donde arrancaste las hojas.

Por qué:

Algunas plantas pueden crecer a partir de raíces, hojas y tallos. Las raíces se desarrollan en las zonas de las hojas cercanas al nudo, a partir de secciones o tallos, esquejes, del filodendro. Los geranios y otras plantas también lo hacen.

Retoños pequeños o tomates de invernadero

Un invernadero es un lugar caliente, un espacio cerrado para el cultivo de las plantas. La Tierra padece una especie de efecto invernadero, cuando los gases provenientes de la quema de los combustibles fósiles actúan como una tapa e impiden que el calor se escape hacia el espacio.

Pero ahora, vamos a poner en funcionamiento la idea de invernadero y nos divertiremos cultivando algunos pequeños retoños que pueden convertirse en tomates. Verás lo fantástico que es probar el dulce, jugoso y delicioso resultado de este experimento.

Necesitas:

Tomates frescos o
   semillas de tomate
Macetas o cualquier
   otro recipiente
Un alféizar soleado

Tierra
Una cuchara
Un plástico
Gomas elásticas

NOTA: La cantidad de materiales necesarios depende de cuántas semillas o plántulas quieras cultivar.

Cómo hacerlo:

Prepara las macetas con la tierra. Saca con la cuchara las semillas de los tomates frescos o utiliza las semillas compradas y espárcelas de modo uniforme sobre la tierra, evitando formar montones de semillas; luego cúbrelas con una ligera capa de tierra.

Riégalas bien y cubre las macetas con un trozo de plástico y sujétalo con las gomas elásticas. Colócalas en un alféizar soleado y observa los pequeños retoños.

PLANTANDO SEMILLAS
Y PLÁNTULAS

Los esquejes de plantas que tienen raíces, las semillas y plántulas pueden plantarse o trasplantarse en tierra. Es bastante fácil, pero hay que seguir algunas normas.

Para que las semillas y las plantas crezcan bien se necesita agua, pero no demasiada (se «ahogaran» por falta de aire) ni muy poca (se secarán y morirán). Para estimular el crecimiento se necesita también buena luz y tierra con minerales apropiados.

Primero, planta las semillas, plantículas y nuevas plantas en macetas con agujeros para el drenaje en el fondo. (Los cartones de leche y huevos, con agujeros en el fondo, también sirven para el cultivo.) Para un buen drenaje es aconsejable añadir pequeños trozos de macetas rotas, grava o piedras. Utiliza un buen tipo de tierra con igual cantidad de turba, arena y buen contenido de nitrógeno y hierro.

Los recipientes deben estar casi llenos y las semillas, plántulas y plantas deben disponer de espacio suficiente para tener «libertad de acción». En otras palabras, ¡sin amontonarse! Una capa ligera de tierra, aproximadamente de 1 cm, debe cubrir las semillas o las raíces de las plántulas, y conviene comprimirla y presionarla ligeramente. Las nuevas plantas se colocarán en un lugar soleado, en una ventana orientada al sur, y la tierra debe permanecer húmeda. Es aconsejable que riegues las plantas con un cuentagotas o un pulverizador para evitar el exceso de agua.

Si lo necesitas, pide a una persona mayor que te ayude con tus nuevas plantaciones hasta que sepas cómo hacerlo. ¡Buena suerte y feliz plantación!

TIERRA, ARENA, HUMUS Y BARRO

La próxima vez que llenes una maceta o plantes con tierra, piensa en sus propiedades: cuál es su aspecto, tacto y olor, de qué se compone y qué vive en ella. Cuando investigues, descubrirás bichos, hojas, guijarros, pero esto es únicamente arañar la superficie. No verás los miles de millones de plantas y animales microscópicos que habitan en la tierra y que además son los responsables de que sea buena y rica.

Las bacterias, hongos, lombrices, ardillas, topos, serpientes, insectos y muchos otros seres vivos realizan una importante labor de descomposición de la tierra que la hace más nutritiva y permite que nuestros cultivos crezcan mejor.

En este capítulo aprenderás cosas sobre la tierra, la arena, el humus y el barro.

PREGUNTAS SOBRE LA TIERRA

¿Qué elementos forman la tierra? ¿Es igual toda la tierra? ¿En qué se diferencian? ¿Cuál es el mejor tipo de tierra para la mayoría de las plantas? ¿Puedo averiguarlo?

Lee el recuadro siguiente y luego realiza el experimento «Trascendental», y lo descubrirás.

Lo que se conoce como tierra está compuesto de fragmentos de rocas, minerales, restos de plantas y animales muertos y bacterias. Las bacterias son demasiado pequeñas para que puedan verse a simple vista, a no ser que las observes con un buen microscopio, pero lo cierto es que están en la tierra y hacen un gran trabajo.

Los animales pequeños, los gusanos, el oxígeno y el agua son también necesarios para la tierra. Con la ayuda de los animales grandes, las bacterias utilizan el aire y el agua para descomponer y producir cambios químicos en la tierra. Cuando han realizado su trabajo, la tierra pobre en la que antes no podía cultivarse nada se convierte en tierra fértil, rica en nitrógeno, en la que se puede cultivar cualquier cosa.

LOS DIFERENTES NOMBRES
DE LA TIERRA

Los científicos identifican cuatro tipos diferentes de tierra en función de su tacto (textura) y contenido. Los tipos de tierra son arena, sedimento, marga y arcilla.

La arena está compuesta por fragmentos de conchas y pedacitos de rocas y minerales desgastados, como, por ejemplo, cuarzo y basalto, un tipo de roca volcánica. Aunque las buenas tierras necesitan arena, si la cantidad de ésta es excesiva, el agua se drena con demasiada facilidad y no se queda junto a las raíces, que se secan. La arena se encuentra en los desiertos, en las playas y en el lecho de los ríos. Los granos grandes de arena son la grava.

El sedimento es una tierra arenosa de grano muy fino. Los granos que la componen son muy pequeños, mucho más pequeños que los de la arena, y además contiene partículas de arcilla.

La arcilla es una tierra fina y es muy necesaria en todos los tipos de tierra. Sin ella, la tierra se desharía y los fertilizantes se lavarían. Sin embargo, si la cantidad de arcilla que contiene una tierra es elevada, se producirán problemas en el drenaje del agua y finalmente ocasionará que las raíces se pudran.

El mejor tipo de tierra para la mayoría de las plantas es la marga, una mezcla de arcilla, arena y sedimento con bastante humus (materia desintegrada de plantas y animales) que la enriquece y fertiliza.

ARENA
SEDIMENTO
ARCILLA
MARGA

Agita la tierra: ¡es sedimentaria!

Observa los diferentes tipos de partículas de tierra, y cómo flotan y se asientan. Agita la tierra y manténte alerta.

Necesitas:

Frascos con tapa (en función de la cantidad de muestras de tierra que desees analizar)
$^1/_2$ taza de muestras de tierra de diferentes lugares y profundidades (de la superficie, de la capa superior, del subsuelo y de la zona más honda)

Agua
Una lupa
Papel y lápiz

Cómo hacerlo:

Llena el frasco con tierra y añade agua. El contenido debe alcanzar las tres cuartas partes del frasco. Tapa bien el frasco y agítalo con fuerza. Repite el procedimiento con cualquier otra muestra de tierra que quieras analizar.

Ten paciencia y espera unas dos horas hasta que la tierra se asiente. (Podrías sentarte y mirar, pero es mejor que no lo hagas.) Luego, con la lupa, observa lo que ha sucedido con las muestras de tierra. Haz un dibujo de los sedimentos depositados en el fondo de cada frasco.

Qué sucede:

La tierra se asienta en los frascos formando bandas o capas en función del contenido de cada tierra.

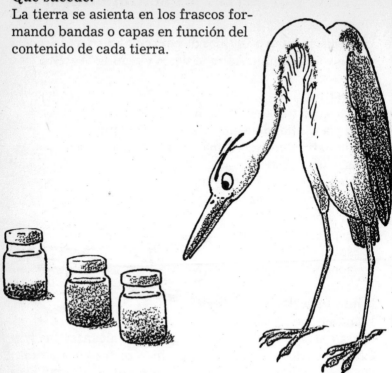

Por qué:

Las mezclas arenosas, las más pesadas, con partículas de rocas, se asientan primero, formando sedimentos de colores suaves.

En las que contienen más marga, como las capas altas de un jardín, las partes de mayor peso (grava) se asientan en el fondo, mientras que la de color oscuro, el humus de menor peso, flota en la superficie del frasco. Como puedes observar, es una buena prueba para determinar las buenas y ricas tierras de marga.

Y ahora:

Recoge muestras de tierra cuando vayas de viaje a lugares distantes, por ejemplo, durante tus vacaciones, y averigua la cantidad de humus y el tipo de tierra de cada muestra.

Aire enterrado

¿Podrías *ver* en qué condición está la tierra?

Necesitas:

Un frasco pequeño
1 taza de agua
    hervida y enfriada

$^1/_2$ taza de tierra
Una lupa

Cómo hacerlo:

Coloca la muestra de tierra en un frasco. Vierte despacio el agua hervida, enfriada, y observa atentamente.

Qué sucede:

Aparecen burbujas de aire y círculos en la superficie de la tierra.

Por qué:

La tierra seca contiene aire atrapado entre sus partículas. Las burbujas que ascienden desde la superficie de la tierra proceden del aire de la tierra, expulsado por el agua.

El agua, normalmente, también contiene su propio aire; precisamente por esta razón, es necesario en este experimento utilizar agua hervida y enfriada. Durante la ebullición, el aire caliente se evapora. Este experimento, por lo tanto, demuestra que el aire que produce la burbuja procede de la tierra y no del agua.

Trampa de arena

La arena movediza es una masa espesa, formada por granos de arena mezclados con agua, que tiene apariencia de una superficie dura y seca. Parece sólida, como si pudieras andar por encima, pero es peligrosa porque en realidad no puede soportar mucho peso.

Necesitas:
Un cuenco grande
Una hoja de periódico
1 $\frac{1}{4}$ taza de maicena
1 taza de agua
2 cucharadas
    de posos de café
Una cuchara

Cómo hacerlo:
Sobre un periódico, para no ensuciar, vierte en el cuenco la maicena y el agua y mézclalo con la cuchara hasta que los ingredientes tengan la consistencia de una pasta. La mezcla de maicena será difícil de revolver y se pegará al fondo del cuenco, como cabría esperar. Luego, espolvorea ligeramente y de modo uniforme los posos de café sobre la superficie de la mezcla, para darle un aspecto seco y liso.

Ahora empieza lo divertido. Golpea ligeramente la superficie con el puño. Observa lo que sucede y lo que sientes. Luego, empuja hacia abajo tus dedos, hacia el interior de la mezcla.

Qué sucede:
Cuando utilizas el puño para golpear la superficie de la mezcla, parece que sólo tocas la superficie y que misterio-

samente no puedes seguir avanzando. Pero cuando metes
los dedos en la mezcla, es realmente fácil deslizarse hacia
el fondo del cuenco.

Por qué:

Las partículas de la arena movediza, a diferencia de las
moléculas de agua, se enganchan
unas a otras, y parecen actuar
más como un sólido que como
un líquido. Además, los granos
de café proporcionan a la mezcla una apariencia engaño-
samente lisa y seca, como la
arena en la realidad.

71

Un filtro de agua

¿Te has preguntado alguna vez cómo se purifica el agua antes de que llegue a tu casa? Vamos a realizar un sencillo sistema de filtración de agua que dará respuesta a muchas preguntas. Puedes obtener una gran cantidad de información a partir de las pruebas que realices.

Recuerda que, aunque el trabajo se haya realizado con éxito, el agua de este experimento *nunca* debe beberse. El experimento te ayudará a comprender cómo se realizan los trabajos de filtrado de agua, pero no es verdaderamente una planta de tratamiento de agua; ten en cuenta que unas gotas de agua «mala» pueden producirte una enfermedad.

Es mejor que realices esta actividad al aire libre para que no manches. Así, la tierra que necesitas la encontrarás cerca y con facilidad.

Necesitas:

Una maceta de tamaño medio (o un cartón encerado con agujeros en el fondo)
Un filtro de café
Toallitas de papel o un trapo ligero
2 recipientes o bandejas de horno
Grava o piedras pequeñas

Un filtro de café
Una botella de dos litros con tapón
Arena
Un embudo
Tierra
Agua

Nota: Puedes comprar la tierra y la grava limpias en una tienda de jardinería.

Cómo hacerlo:
Coloca el filtro o la toallita de papel en el fondo de la maceta. Llena el fondo con grava o piedras pequeñas, una capa de un grosor aproximado de 4 cm. Luego coloca la arena hasta que llenes tres cuartas partes de la maceta.

Sitúa sobre la boca de la botella el embudo y vierte una taza de tierra, y llénala luego de agua. Enrosca el tapón y agita vigorosamente la botella.

Echa un poco del agua turbia en una de las bandejas de horno. Éste será el recipiente control, para comparar el agua filtrada con la muestra original. Coloca tu sistema de filtro en el otro recipiente y vierte un poco de agua turbia. Observa cómo se filtra el agua y compárala con la muestra de control. Ten paciencia, las primeras muestras no serán tan claras como las últimas. Repite el procedimiento varias veces hasta que el agua salga verdaderamente clara. Continúa comparando estas muestras con el agua del recipiente control.

Qué sucede:

La primera agua que gotea de tu sistema de filtrado todavía tiene tierra. Sin embargo, a medida que continúas vertiendo agua en el sistema de filtro comenzará a salir cada vez más clara. Aunque el agua parezca clara, todavía contiene sedimentos.

Por qué:

Aunque existen semejanzas, tu sencillo sistema de filtro no es como una gran planta de tratamiento de agua de una ciudad. En el sistema de la ciudad, el agua se pulveriza en el aire para liberar los gases superfluos, y se añaden sustancias para aglutinar las partículas de suciedad suspendidas y filtrarlas a continuación.

Como en tu sistema, el agua también pasa a través de capas de arena y grava, y además por una de carbón vegetal. Luego se trata con cloro. El gas cloro mata las bacterias que hay en el agua. La limpieza del agua es un gran trabajo.

Ahora ya sabes cómo trabajan los sistemas de filtrado del agua, y porque no puedes beber el agua que tú mismo «limpies».

Soplando burbujas

Busca algunas piedras porosas (rocas ligeras, con pequeños agujeros) y colócalas en un recipiente lleno de agua y
verás un espectáculo burbujeante.

Necesitas:

Piedras porosas
    o fragmentos
Trozos de ladrillo
    o cerámica

Un recipiente
    poco profundo
Una lupa

Cómo hacerlo:

Coloca las piedras en el recipiente, cubiertas con agua.
Observa con la lupa lo que sucede.

Qué sucede:

De las piedras fluyen co-
rrientes de burbujas.
Cuanto más porosas,
más burbujas salen.
En función del peso de
las piedras y de la fuer-
za del aire que escapa de
ellas, pueden moverse un poco,
hacia delante y atrás, o rebotar
y traquetear contra el recipiente.

Por qué:

El aire está presente
incluso en las piedras.
Las burbujas fluyen
desde los espacios que
hay entre los minera-
les que componen las
piedras y se elevan hacia la superficie del agua.

Retención de líquidos

¿Qué tipo de tierra retiene agua en mayor o menor medida? ¿Cuál es la cantidad adecuada?

Se dice que una tierra es «permeable» cuando deja pasar el agua a través de ella. ¿Cuáles son las tierras más permeables? Para llevar a cabo este experimento, será mejor que trabajes al aire libre, en un lugar en el que puedas excavar.

Necesitas:

Muestras de igual cantidad de diferentes tierras, por ejemplo, arcilla, arena, marga, tierra de jardín
Vasos de plástico, macetas pequeñas o cartones de huevos

Recipientes pequeños
Agua
Papel y lápiz
Lápiz afilado o un clavo

Cómo hacerlo:

Con un clavo o la punta del lápiz, haz seis agujeros en el fondo de los vasos o de los cartones. Si utilizas macetas, acuérdate de facilitar el drenaje del agujero. Llena cada contenedor con la mitad de cada muestra de tierra. Vierte media taza de agua en cada uno de los recipientes con tierra y coloca un plato debajo para recoger el agua. Pon el agua que se va drenando de cada recipiente en una taza de medir. Anota el tipo de tierra sobre la que realizas la prueba y la cantidad de agua que suelta. Repite este paso con otras tierras y mide de nuevo la cantidad de agua.

Qué sucede:

Apreciarás que hay más agua en el fondo de algunos recipientes que en otros. En algunas muestras, el agua se drenará con rapidez, mientras que en otras lo hará más despacio.

Por qué:

Las tierras arcillosas retienen mucha más agua que las tierras arenosas, que la drenan con bastante rapidez. Demasiada agua en torno a las raíces tiernas hará que se pudran, mientras que poca agua conseguirá que se sequen. Las tierras con mucho humus, o materia de plantas y animales descompuestas, son las mejores para las plantas. Retienen la cantidad de agua necesaria para mantener un crecimiento saludable, al estimular las raíces. Algunas plantas, sin embargo, crecen mejor que otras en las diferentes clases de tierra.

Arrojando tierra

El mar desgasta las líneas de costa y construye nuevas formaciones de arena. En este sencillo experimento verás cómo la Tierra se desgasta constantemente, se erosiona y cómo el proceso de erosión cambia las diferentes formas de la superficie terrestre.

Necesitas:

Una bandeja para horno o un recipiente plano

Agua
Arena o tierra muy fina

Cómo hacerlo:

Apila la arena en uno de los extremos del recipiente y dale palmaditas. Para los fines del experimento, representará la arena de la playa. Pon un poco de agua en la mitad del recipiente hasta que parte de la costa quede ligeramente cubierta. Al principio despacio y luego aumentando poco a poco la fuerza, desliza la bandeja hacia delante y atrás hasta que se formen pequeñas olas y cubran la costa, hasta que la arena se desplace o se mueva.

Qué sucede:

La acción de las olas en el recipiente cambiará gradualmente la forma de la costa, moviendo la arena y arrastrándola hacia el agua.

Por qué:

Todos los mares de la Tierra transforman siempre la tierra que encuentran. Algunos desgastan o excavan grandes formaciones rocosas mientras que otros arrastran grandes masas de arena y la depositan en cualquier lugar. Esta acción del agua, gradual pero persistente, es la erosión.

Jugar con tierra

Si te gustaba jugar con barro cuando eras pequeños y ahora te gusta hacer cacharros de cerámica, te encantará este experimento. Ponte manos a la obra pero al aire libre y vístete con ropa vieja, porque si no eres muy cuidadoso te vas a poner perdido.

Necesitas:
3 briks de leche
Tierra de jardín
Un recipiente con medidas
Un recipiente poco profundo
Tijeras
Papel y lápiz
Un palo corto
Agua

Necesitas:
Recorta uno de los laterales de cada uno de los cartones de leche, el lado contrario al de la abertura. (La abertura deberá apoyarse sobre el suelo.) Rellena cada uno de los cartones de leche con la misma cantidad de tierra.

Humedece la tierra de cada cartón por completo (utiliza una manguera de jardín, si lo deseas) y mézclala. Si la tierra estuviera demasiado húmeda, añade algo de tierra seca y mézclalas bien con la mano (¡esto te gustará!).

Luego, comprime la tierra lodosa de cada cartón y dale forma de colina o ladera, con la zona más elevada en el extremo cerrado del cartón. Con tus manos o con el palo, forma barrancos oblicuos u horizontales o sierras en

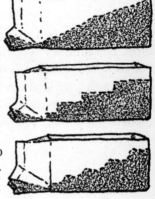

un cartón, escaleras en el segundo y deja el tercero solamente con una «colina».

/   Deja que los cartones con la tierra se sequen durante unos 15 a 30 minutos. Una vez que estén secos, apoya el primer cartón contra algo inmóvil de modo que quede con una suave inclinación. Coloca un recipiente llano, una bandeja por ejemplo, bajo la abertura del cartón, de modo que descanse sobre la bandeja.

Mide una taza de agua y viértela, con regularidad pero despacio, sobre la colina de tierra. Espera unos cuantos minutos para que se asiente el agua y se drene hacia la bandeja.

Vierte el agua acumulada en la bandeja sobre el recipiente con medidas y observa la cantidad que has recuperado. Repite esta actividad con las otras dos cajas, y anota de nuevo los resultados. Además, añade a tus anotaciones los datos sobre la turbiedad o claridad del agua, y también cuánto tiempo ha tardado en recorrer la tierra y salir hacia la bandeja de drenaje.

Qué sucede:

En el experimento recuperamos una taza de agua de la caja con escalones y colina, pero sólo media taza de la caja con barrancos. Hay una gran cantidad de sedimentos en la caja sin estribaciones, muchos más que en las que había escalones y barrancos. ¿Es lo que tú has encontrado?

Por qué:

La erosión puede aminorarse con técnicas de conservación o buenas labores agrícolas diseñadas para proteger y salvar la tierra. Estos dos métodos usados en nuestro experimento son técnicas agrícolas en las que los barrancos o sierras son excavaciones o aterrazamientos, en los que se forman escalones, planos elevados o distintos niveles.

GRAVEDAD
Y MAGNETISMO:
FUERZAS
ATRAYENTES

Aunque la gravedad y el magnetismo son fuerzas diferentes, ambas ejercen una fuerte atracción.

La gravedad es la fuerza que atrae un objeto hacia abajo, hacia el interior de nuestro planeta: a ti, tu casa, una pelota, tu cama, tu coche, ¡todo! Tu peso sobre la Tierra, sencillamente, es la cantidad de atracción que esta fuerza ejerce sobre ti.

Los planetas, el Sol y la Luna también tienen gravedad, pero con una fuerza mayor o menor que la Tierra. La gravedad del Sol mantiene la Tierra y otros planetas en órbitas a su alrededor, mientras que la Luna ejerce una menor fuerza gravitacional y produce las mareas oceánicas. Sir Isaac Newton, un científico inglés, descubrió estas y otras leyes sobre la gravedad.

Por otra parte, los imanes tienen campos de fuerzas que atraen algunos metales. La Tierra misma, debido a su núcleo de hierro, es también un gigantesco imán.

Los maravillosos experimentos de gravedad y magnetismo centrarán tu atención y te atraerán con fuerza irresistible.

Tránsito rápido

Al metro a menudo se le llama transporte de tránsito rápido. Ahora observa con qué rapidez una pelota transita o sale de un vaso, y aprende algo importante sobre la fuerza de la Tierra.

Necesitas:
Un vaso de plástico
Una esfera pequeña (una
    pelotita de goma,
    de plastilina, de mármol)

Cómo hacerlo:
Coloca la bola en el vaso y deslízalo con rapidez, hacia el lado abierto, sobre una mesa o superficie dura. Detén el movimiento repentinamente y observa lo que sucede a la bola en el interior.

Qué sucede:
La bola sale disparada hacia el borde del vaso, que al pararse en seco, produce el movimiento giratorio de la bola, hasta que se detiene o cambia de dirección.

Por qué:
Sir Isaac Newton, un físico inglés, descubrió algunas leyes naturales de la gravedad y el movimiento. Una de ellas es la inercia. Esto significa que algo que está en reposo permanecerá así hasta que se produzca una fuerza que lo ponga en movimiento, y este movimiento continuará hasta que algo provoque la parada.

Levantamiento de peso

El peso es, sencillamente, la atracción que la fuerza de gravedad ejerce sobre nosotros o cualquier otro objeto. Este experimento te demostrará cómo funciona. Para evitar problemas, ya que algunas cosas se derramarán, es una buena idea llevarlo a cabo al aire libre.

Necesitas:
Un fondo de cartón encerado
Una goma elástica gruesa
Una cuerda fuerte
Una regla
Un lápiz afilado o un clavo
Un clip
Un ayudante
Bolsas con sustancias
     que pesen (piedras, grava,
      judías, arroz, tierra, arena, esponjas)

Cómo hacerlo:
Con la punta del lápiz o el clavo, perfora un agujero en un lateral del cartón, a unos 2 cm aproximadamente del borde superior, y otro enfrente del primero, en el otro lateral del cartón. Introduce los extremos de la cuerda por los orificios y átalos firmemente, formando un asa. Ensarta el clip en la parte superior del asa de cuerda y la goma elástica al otro extremo del clip.

Pide a tu ayudante que sostenga tu escala elástica casera, de modo que la cesta de cartón coincida con la parte superior de la regla. Selecciona alguna sustancia del grupo que tengas y pon algo de grava, piedras, arroz, judías o lo que desees en el cartón para pesarlas. Llena el cartón despacio y gradualmente.

Mantén la parte superior de la regla al mismo nivel que la parte superior del cartón y mide cuántos centímetros va descendiendo el cartón a medida que lo llenas.

Qué sucede:

Tu escala elástica casera, llena de sustancias de pesos distintos, mide la fuerza de la atracción gravitatoria sobre los materiales del cartón. La cesta de cartón es atraída y desciende por las medidas de la regla en función de la fuerza gravitatoria que se ejerce sobre ella.

Por qué:

La Tierra atrae hacia su centro todas las cosas. La atracción gravitatoria que se ejerce sobre un objeto proporcional a su masa es el peso que tiene este objeto.

Risa enlatada

Haz rodar una lata cuesta arriba y sorprende a un amigo, mientras aprendes algo sobre una fuerza importante que afecta a todas y cada una de las cosas sobre la Tierra.

Necesitas:

Una lata con tapa
Una bola de arcilla
   o plastilina

Un lápiz
2 libros de tapas duras
Un auditorio

Cómo hacerlo:

Coloca un extremo de un libro sobre el extremo del otro libro, formando una rampa. Introduce la bola en el interior de la lata y presiona con fuerza sobre un lateral de la lata, de modo que quede pegada a la superficie. La bola deberá estar «centrada» en la pared de la lata, a una distancia igual de ambos extremos.

En el exterior de la lata, marca con un lápiz el lugar donde se concentra el peso de la bola en el interior.

Luego, pon la tapa de plástico sobre la lata y dispónte a asombrar a tu auditorio. Sitúa la lata sobre el extremo más bajo de la rampa del libro y experimenta hasta que consigas que ascienda rodando por la rampa. Luego, busca a algunos amigos que estén interesados en dejarse sorprender con tu «ciencia mágica».

Qué sucede:

La lata, sorprendentemente, rueda un poco hacia arriba por la rampa del libro.

Por qué:

Todos los objetos son atraídos hacia el centro de la Tierra por una fuerza firme y constante, la gravedad. El «centro de gravedad» de cualquier objeto es un lugar concreto donde todo su peso está «centrado». En este punto, el objeto encuentra su equilibrio.

La bola colocada en el interior de la lata es suficiente para reubicar su centro de gravedad. El peso añadido permite a la gravedad atraer la lata hacia delante y hacia arriba de la rampa.

A RODAR

Prueba a realizar el mismo experimento, pero con diferentes superficies. ¿Qué sucede si colocas la lata en la misma «posición pesada» pero en el lado «cuesta abajo» de la rampa? ¿Qué sucede si la colocas sobre una superficie llana?

Quita la tapa de lata y observa lo que ocurre con el contrapeso de arcilla en el interior cuando pruebas con cosas diferentes. Cuando la lata no rueda, el peso está concentrado en un lugar. Cuando el centro de gravedad se cambia, la lata se ve forzada a moverse por el peso.

¿Dónde está el centro de gravedad? Presiona sobre la bola y fija un trozo pequeño de cuerda o hilo y observa lo que ocurre.

La cobra bailarina

Este experimento, con truco, se realiza con un alfiler y un imán y te recordará a un encantador de serpientes indio y a su cobra danzante.

Necesitas:
Hilo de algodón,
    aproximadamente
    unos 20 cm de longitud
Un alfiler
Un imán de barra o en herradura

Cómo hacerlo:
Haz un lazo en el hilo y átalo a la cabeza del alfiler.

    Sostén el extremo del hilo con el alfiler atado y con la otra mano, levántalo con el imán. Cuando consigas que el alfiler se ponga derecho, separa con cuidado el imán del alfiler, de modo que quede ligeramente suspendido en el aire. Mueve lentamente el imán en círculos y observa el alfiler y el hilo, la «cobra», siguiendo los movimientos. A menos que tengas un imán muy potente, sólo podrás mantener una pequeña distancia entre el alfiler y el imán, pues de lo contrario el alfiler y el hilo se caerán.

Qué sucede:
El alfiler y el hilo flotan suspendidos en el aire a escasa distancia del imán y siguen la trayectoria de los movimientos que realizas con el imán.

Por qué:
El alfiler parece haber vencido un poco la gravedad, flotando bajo el imán, sin que llegue a tocarlo. Pero esto es una prueba de que la atracción del imán puede pasar a través del aire y, en una distancia apropiada, puede contrarrestar la fuerza de la gravedad.

Una brújula en herradura

Fabrica una brújula magnética
que no tenga la apariencia
habitual.

Necesitas:
Un lápiz con la punta muy
   afilada y con goma
Un imán con forma de U
Un trozo grande de arcilla
   o plastilina (para ha-
   cer un pedestal)
Un lápiz

Cómo hacerlo:
Amasa la arcilla y cons-
truye un sólido pedestal;
luego empuja el extremo
del lápiz, donde está la goma, hacia el interior del pedestal de arcilla. Con cuidado, coloca en equilibrio el imán
con forma de U sobre la punta del lápiz.

Qué sucede:
El imán se coloca gradualmente, él solo, en la dirección
norte-sur.

Por qué:
La Tierra es un enorme imán con polos magnéticos, norte
y sur. El imán con forma de U, que se ha orientado él solo
hacia la dirección norte-sur, lo ha hecho porque los metales y líquidos magnéticos enterrados en el corazón de la
Tierra se han convertido en un gigantesco imán que atrae
a todas las brújulas e imanes. Estas grandes fuerzas magnéticas se concentran en sus polos norte y sur.

Aguja imantada

Cristóbal Colón y otros navegantes utilizaron un maravilloso mecanismo que les ayudó a viajar por los mares lejos de la costa: una aguja imantada flotando en un cuenco de agua.

Los marineros modernos ahora tienen acceso a algunos mecanismos que les ayudan a navegar por los océanos, incluso un sistema de satélites espaciales que circundan la Tierra. Pero vamos a observar de cerca las primeras versiones de las brújulas y veremos lo que hace una sencilla aguja de costura.

Necesitas:

Una aguja de coser
Un cuenco lleno de agua
Un trozo pequeño
    de papel encerado

Un imán de barra
Tijeras

Cómo hacerlo:

Imanta una aguja de coser frotando uno de sus extremos, unas cincuenta veces, contra el polo norte del imán. Realiza la misma operación con el otro extremo de la aguja, frotándola contra el polo sur del imán. Asegúrate de que sólo rozas la aguja con el imán en una dirección, desde el centro hacia el extremo, y separa el imán de la aguja cada vez que repitas el frotamiento.

Recorta un pequeño círculo, de unos 20 cm de diámetro aproximadamente, en el papel encerado. Coloca el cuenco de agua sobre una mesa o una encimera de la cocina. Clava, con cuidado, la aguja en el círculo de papel, como si estuvieras cosiendo un trapo. Deposita el círculo de papel con la aguja en el centro del cuenco con agua, de manera que flote en la superficie. Intentarle vueltas. Observa lo que pasa.

Qué sucede:

La aguja, cuando cesa el movimiento, señala al norte y al sur, independientemente de cuántas veces la hayas hecho girar.

Por qué:

Tu imán de aguja flotante reacciona ante la atracción de las fuerzas magnéticas invisibles de la Tierra, producidas por su gigantesco corazón metálico.

CONTROLA TU AGUJA

¿Sabes si todas las agujas se orientan en la dirección norte-sur? Para averiguarlo, puedes usar una brújula de control que te permita deducir qué cosas pueden influir en los resultados.

Haz el mismo experimento anterior, pero esta vez sustituye la aguja imantada por una que no lo esté.

Coloca la aguja sobre la superficie del agua y hazla girar. Espera con paciencia hasta que se pare. Realiza algunas pruebas o experimentos y compara la brújula control con la aguja imantada.

¿Cuál es tu punto?

¿Es cierto que los alfileres imantados se repelen unas veces y otras se atraen?

Necesitas:

2 alfileres

Un imán con los polos
    norte y sur señalados

Un libro pesado

2 clips

Hilo de algodón

Cómo hacerlo:

Imanta los alfileres. Pon un alfiler sobre una superficie dura y frota un extremo con el polo norte del imán. Frota del centro hacia el extremo, en una dirección solamente, y separa el imán después de cada fricción. Realiza esta operación unas cuarenta o cincuenta veces. Repite la acción de frotado con el otro extremo del alfiler, pero en esta ocasión contra el polo sur del imán. Imanta el segundo alfiler, repitiendo los mismos pasos.

Ata un hilo en el centro de cada alfiler y sujeta los otros extremos a ambos clips. Deja colgando, unos 5 cm aproximadamente, los hilos con los alfileres imantados desde una mesa. Los otros extremos de los hilos, con los clips, apóyalos sobre la mesa y sobre ellos coloca el libro. Luego, intenta empujar los alfileres uno hacia el otro.

Qué sucede:

Unos extremos se repelen, mientras que otros se unen y golpean.

Por qué:

Los polos magnéticos de igual carga, los dos norte o los dos sur, se repelen. Cuando se acercan dos polos distintos, uno norte y uno sur, se atraen.

Imán colgante

Si prestas atención a este imán de barra giratorio, te fijarás en algunas cosas sorprendentes.

Necesitas:
1 imán en forma de barra
Un cordel de algodón largo
Papel y lápiz

Cómo hacerlo:
Ata uno de los extremos del cordel alrededor del centro del imán y ata el otro extremo a algún lugar (una lámpara fija, una percha de un armario, una barra del respaldo de una silla) en el que puedas balancearlo libremente. Ajusta el imán de modo que pueda equilibrarse correctamente y no cuelgue sobre un solo lado.

Luego, haz girar el imán y espera unos tres o cuatro minutos hasta que deje de moverse. Realiza este ejercicio cinco o seis veces. ¿Cuándo se pare el imán, estarán los polos alineados en la misma y exacta posición cada vez?

Qué sucede:
El imán continuará alineándose en una posición similar cada vez, los polos orientados hacia el mismo lugar, independientemente de las veces que lo hagas girar.

Por qué:
Al colgar libremente, tu imán se convierte en una brújula que se alinea de acuerdo con la atracción magnética de la Tierra.

Atrapa monedas

Muchas máquinas expendedoras de alimentos y bebidas funcionan con monedas, y también detectan monedas falsas, como por ejemplo fichas o arandelas, mediante un mecanismo magnético. ¿Cómo lo hacen?

Necesitas:

4 monedas reales
3 libros grandes
    de tapas duras
Un imán de barra

2 o 3 arandelas metálicas

Cómo hacerlo:

Apila dos libros, uno sobre otro, y apoya el tercero contra la pila, formando un tobogán. Mantén el imán en la

mitad del libro tobogán, y deja que se deslicen por el libro una moneda y una arandela, por delante del imán.

Qué sucede:

Las monedas se deslizan y pasan por delante del imán, pero las arandelas son atrapadas por él.

Por qué:

El imán en forma de barra «recoge» las arandelas porque son de acero o hierro, pero no recoge las monedas porque están formadas por aleaciones de metales que no son magnéticos.

La mayoría de las monedas están hechas de una combinación de cobre con otros metales. Puesto que los imanes no atraen el cobre, son útiles para atrapar todas las monedas o fichas falsas, fabricadas con acero o hierro, con las que se intenta robar en las máquinas distribuidoras.

Papel de dibujo

Adivinanza: ¿En qué tipo de papel puedes dibujar sin usar lápiz y sin ser un artista? Realiza el experimento y encontrarás la solución.

Necesitas:
Una almohadilla
    de hilo de acero
    (unas «nanas»)
Un imán de barra
2 hojas de papel
Unas tijeras viejas
Una lupa

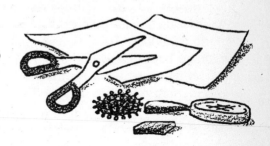

Cómo hacerlo:
Sobre una hoja de papel, corta la almohadilla de acero en pequeños y finos hilos. (Cuidado con las astillas.) Pon sobre la mesa el imán y coloca la segunda hoja de papel arriba, de modo que el imán quede debajo, en la mitad. Luego, con cuidado y de modo uniforme, vierte los hilos sobre la hoja que está encima del imán. Con ligereza, golpea con el puño la mesa, cerca de la hoja cubierta con hilos, y observa el movimiento de los hilos. Examina con la lupa los diseños que han realizado.

Qué sucede:
Los filos hilos de acero se alinean en torno al imán, formando un patrón circular.

Por qué:
Alrededor del imán se perfilan claras líneas circulares de hilos de acero. Este diseño es el campo de la fuerza magnética. Los hilos de acero se acumulan más en torno a los polos del imán, donde la fuerza es mayor, y se reducen en el centro, donde la atracción es menor. Ésta es la misma fuerza magnética que envuelve a la Tierra.

CUIDADO CON
LOS FÓSILES

Una y otra vez, todos dejamos las luces encendidas cuando salimos de una habitación o encendemos el aire acondicionado cuando no hace demasiado calor o la calefacción cuando no hace demasiado frío. Es muy frecuente olvidar cerrar el grifo del agua rápidamente cuando dejamos de usarla e, incluso, es aún más fácil tirar las latas de aluminio, el papel, las botellas de cristal y plástico cuando están vacías, sin pensar en las repercusiones de nuestros olvidos. Pero los recursos de la Tierra, las sustancias naturales que usamos para producir energía y facilitar la vida, están consumiéndose muy deprisa. Algunos científicos predicen que los recursos de la Tierra se habrán agotado en cincuenta años.

Los recursos de la Tierra, como el carbón y el petróleo, se utilizan para calentar y enfriar nuestros hogares, generar electricidad y proporcionar combustible a nuestros coches. Se les conoce como combustibles fósiles porque se han formado con los restos de antiguas plantas y animales muertos. Cuando estos combustibles se agoten, no podrán ser reemplazados.

Existen otras formas de generar energía, como, por ejemplo, explotar las aguas calientes del interior de la Tierra (geotermales), la energía nuclear, paneles solares, molinos de viento, etc. Hasta que se pueda producir toda la energía de forma limpia y barata, no hay manera de reemplazar los recursos de los combustibles fósiles.

¿Crees que puedes ayudar a la Tierra? Apaga las luces cuando salgas de una habitación, mantén el termostato o el dispositivo de control de la calefacción bajo, de modo que no se malgaste la energía; ponte ropa caliente o usa mantas cuando haga frío, bebe agua fría y usa ropa ligera cuando haga calor. Además, recicla el papel, el vidrio, el

aluminio, los plásticos y los metales (seguro que hay contenedores para reciclar en el lugar en el que vives). No malgastes el agua: utiliza menos cuando te bañes, cierra el grifo mientras te enjabonas. Ten en cuenta que un grifo que gotee puede desperdiciar miles de litros al año.

En este capítulo trataremos la conservación, los combustibles fósiles, el reciclado, el abono, e incluso aprenderás a fabricar tu propio papel reciclado. Pero recuerda, serán tus esfuerzos por ser ecologista, una persona consciente y responsable, lo que ayudará a salvar nuestro planeta, así que no màlgastes los fósiles: ¡sálvalos!

EFECTO INVERNADERO

Un invernadero es una construcción de cristal cerrada que se utiliza para el cultivo de plantas, en la que el calor del Sol se mantiene en el interior y la humedad no puede salir.

Los científicos piensan que la Tierra hoy día se ha convertido en una especie de invernadero gigante. La combustión del carbón, el petróleo y otros productos, el uso excesivo de nuestros coches, la calefacción y refrigeración de nuestros hogares con electricidad o gas, produce dióxido de carbono y otros gases nocivos que son empujados hacia la atmósfera.

Estos gases actúan como una bóveda, o tapa, sobre la atmósfera de la Tierra, atrapando el calor solar e impidiéndole que salga hacia el espacio exterior.

Cuando se talan los árboles de extensas zonas de tierra, por ejemplo, en el bosque tropical húmedo, muchas toneladas de dióxido de carbono permanecen en la atmósfera, sin que el proceso de conversión en oxígeno respirable se lleve a cabo. Es como si pusiéramos a la Tierra en una gran olla de cristal, donde el calor del sol se concentrara y el aire del interior se hiciera más *caliente* y *sofocante*.

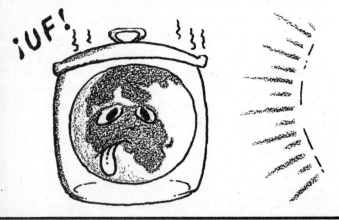

¿Qué es un invernadero?

Puedes o no encontrar un invernadero en tu barrio, pero es importante que aprendas lo que significa el efecto invernadero y cómo te afecta, así como al resto de las cosas que hay en la Tierra.

Necesitas:
Un recipiente de cristal con tapa
Una cucharada de agua
Un lugar al aire libre soleado

Cómo hacerlo:
Vierte la cucharada de agua en el interior del frasco. Coloca la tapa y ajústala bien de modo que no se escape el aire. Deja el recipiente al aire libre en un lugar soleado durante una hora.

Qué sucede:
Se forman gotas de agua que se adhieren a las paredes del recipiente.

Por qué:
El calor del sol recalienta la atmósfera del frasco y el movimiento de las moléculas de agua se ve incrementado. El

agua se evapora en el aire, pero la humedad no tiene por donde escapar, así que se acumula en gotas (se condensa) sobre las paredes frías de cristal. La tapa produce el efecto invernadero. Es similar al gas dióxido de carbono que se genera por nuestra utilización de la energía y el uso de los combustibles fósiles en la industria, que actúa como una tapa sobre la Tierra e impide que el calor huya hacia el espacio.

INVERNADERO: UN CASO DE APERTURA Y CIERRE

Realiza el mismo experimento que en «¿Qué es un invernadero?», pero sin poner la tapa al frasco. Lleva a cabo el experimento con recipientes de distintos tamaños (con tapas y sin ellas) y con diferentes cantidades de agua.

¿Qué diferencias observas? ¿En qué se parece el experimento a lo que sucede en la Tierra? ¿Te sugieren los resultados alguna forma de prevenir el efecto invernadero?

Recalentamiento

Medir la energía calorífica atrapada en un recipiente de cristal nos muestra una vez más cómo funciona el efecto invernadero y cómo nos afecta.

Necesitas

2 termómetros
2 tiras de cartulina negra
   de unos 5 × 15 cm
   aproximadamente
Papel y lápiz

Un frasco de boca
   ancha, con tapa
Un lugar al aire
   libre, soleado

Cómo hacerlo:

Asegúrate de que ambos termómetros registren la misma temperatura, la temperatura ambiente del exterior. Busca un lugar soleado y coloca el frasco de cristal tumbado sobre uno de sus lados. Pon una pequeña piedra o cualquier objeto pesado contra uno de los laterales del frasco para evitar que ruede.

Coge una tira de cartulina negra y coloca encima el termómetro, e introduce ambos elementos en el interior del frasco. Enrosca la tapa con cuidado para evitar que se mueva el termómetro.

Sitúa el otro termómetro sobre la otra tira de cartulina negra, junto al frasco. Anota ambas temperaturas, espera diez minutos, y anota de nuevo las temperaturas.

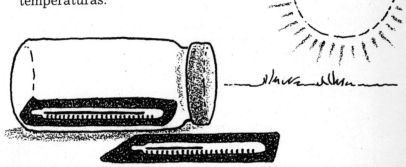

Qué sucede:

El termómetro del interior del frasco registra una temperatura más elevada que el que está en el exterior (en el experimento que llevamos a cabo como prueba, obtuvimos ocho grados de diferencia).

Por qué:

El experimento en un medio ambiente cerrado demuestra el efecto que ejercen grandes cantidades de dióxido de carbono (CO_2) sobre la atmósfera de la Tierra. El gas CO_2 actúa como el cristal del frasco, atrapando el calor. Aunque el sol incida igualmente en ambas secciones de la cartulina, que absorbe la luz y produce la misma cantidad de energía calorífica, el calor no puede irradiarse hacia el exterior por la barrera de cristal.

El dióxido de carbono se produce naturalmente sobre la Tierra (lo emitimos al respirar), pero se incrementa mucho con la quema industrial de los combustibles fósiles y los motores de los automóviles, que originan contaminación y elevan los niveles de calor en la atmósfera. Este «aprisionamiento» del calor al aumentar la cantidad de CO_2 en la atmósfera es lo que se conoce como efecto invernadero.

EFECTO REFRESCO

Lleva a cabo el experimento de nuevo, pero en esta ocasión sin las tiras negras. ¿Hay alguna diferencia? Deja un termómetro en el interior de la botella (sin abrirla) y el otro en el exterior.

Apunta las temperaturas de los termómetros, a medida que desciendan. ¿Existe alguna diferencia en el descenso de la temperatura en el interior del frasco en relación con la que se produce en el exterior? ¿Cuál se enfría más rápido y en qué proporción?

¡Oh, ozono!

Fabrica un modelo de capa de ozono, una delgada capa de gas sobre la atmósfera superior de la Tierra que nos protege de los rayos ultravioleta del Sol.

Aprende algo sobre los CFC, esos productos químicos que facilitan y mejoran la vida, pero que hacen mucho daño (destruyen las moléculas de ozono). A continuación, observa cómo se produce un agujero en nuestro modelo de capa de ozono, se desgarra gradualmente una zona y finalmente ¡desaparece!

Necesitas:

1 botella pequeña
1 chicle calentado bajo
    el chorro de agua
     muy caliente
Una lupa

Cómo hacerlo:

Mastica bien el chicle. Cuando esté blando, sácatelo de la boca. Aplástalo con los dedos y dale forma de disco, pues necesitas una tapa delgada y lisa para sellar la botella.

Luego, llena la botella, *justo hasta el borde*, con agua del grifo muy caliente. Coloca el disco de chicle sobre el cuello de la botella y séllalo. Procura no hacer agujeros, y asegúrate de que la tapa de chicle roza el agua ligeramente. Observa detenidamente lo que pasa con la lupa.

Qué sucede:

La tapa de chicle, al tocar el agua caliente, pierde su elasticidad y se empiezan a formar agujeros. Finalmente, la tapa de chicle se rompe en trozos.

Por qué:

La botella representa la Tierra, mientras que la tapa de chicle representa la capa de ozono. El agua caliente que roza la tapa de chicle representa los CFC (clorofluorocarbonos), o productos químicos que pueden dañar las moléculas de ozono.

Los CFC se encuentran en los refrigerantes para el aire acondicionado y los refrigeradores y en los envoltorios de espuma plástica utilizados en algunos restaurantes de comida rápida. Estos productos químicos se liberan en la atmósfera en forma de gas, que finalmente destruye el ozono.

Pero puedes reducir el uso del aire acondicionado, y recordar a los restaurantes y a los propietarios de las tiendas que deben actuar con responsabilidad: que los CFC son perjudiciales y que pueden utilizar otros tipos de envases para los alimentos.

¡GUERRA AL CFC!

¿Puedes reducir la cantidad de CFC (clorofluorocarbonos) que hay en la atmósfera? Por supuesto, no puedes lograrlo solo, pero puedes contribuir. No compres productos que contengan CFC, utiliza menos el aire acondicionado, y recuerda a otras personas nuestra responsabilidad ante la Madre Naturaleza. Unir los esfuerzos de todos es la mejor manera de salvar la Tierra.

Ahora, realiza el mismo experimento de ozono, pero en vez de llenar la botella hasta arriba con agua caliente, déjala medio llena. ¿Muestra algún signo de desgaste la tapa de chicle? ¿Hay alguna diferencia? Liberar más o menos cantidad de CFC en el aire puede ser una diferencia significativa para nuestra capa de ozono.

RECICLA

El reciclado es el proceso de reutilización de un objeto bajo la forma antigua o una nueva. Las botellas de plástico y las latas de aluminio se funden y se fabrican nuevos recipientes u otros productos, mientras que el papel regresa a su estado de pasta (una sustancia húmeda y viscosa) con la que se fabrican nuevos tipos de papel.

Sin embargo, antes de que comiences a tirar cosas en los contenedores de materiales reciclables, piensa en cómo puedes reutilizarlos por tu cuenta y reducir los productos «desechables» antes de que acaben como contaminación. Compra solamente productos en paquetes que sean biodegradables (que se descompongan) o reciclables. Fíjate en los envases con los símbolos de las tres flechas dobladas. Esto significa que el producto se ha fabricado con materiales reciclados.

Entrega los juguetes, ropa vieja, aparatos, muebles, etc. a alguien que pueda reutilizarlos o a organizaciones no gubernamentales que los arreglen y los distribuyan entre personas que los necesiten.

Si tú no reciclas el papel, el plástico y el aluminio (en muchos lugares es una ley), puedes comenzar a hacerlo ya. Además de obtener unas cuantas monedas, tus esfuerzos y los de tu familia pueden contribuir a mejorar la Tierra, y a hacer más saludable y limpio el lugar en el que vives.

Mi centro de reciclado

Reciclar no es difícil: es sólo cuestión de organizarse y adquirir ese hábito. Así que deberías ser consciente y tomártelo en serio. ¡Comienza ya! Localiza algunas cajas de cartón viejas y utilízalas como tus propios contenedores de objetos reciclables.

Necesitas:
Un lugar seco y limpio (un sótano, garaje
    o armario)
Cajas de cartón grandes y fuertes
    o cajones de madera (puedes
    pedirlos en alguna tienda de tu barrio)
Un rotulador para marcar

Cómo hacerlo:
Comienza reciclando cosas sencillas como latas de aluminio, botellas de cristal, periódicos y botellas de plástico. Algunos tipos de plástico son difíciles de reciclar. Otros tipos de plástico se fabrican con ingredientes que no pueden separarse para su reutilización y no son totalmente biodegradables. Los científicos, sin embargo, están buscando plásticos que se descompongan por completo cuando se expongan a la luz solar (fotodegradables).

Para ser reciclables, todos los materiales deben estar libres de comida contaminante, suciedad o cualquier otra sustancia. Etiqueta tus cajas y clasifica los materiales. Quita todos los tapones y tapas de botellas, frascos y cajas (están fabricados de diferentes materiales). En algunos lugares se recicla de manera independiente el cristal marrón, el verde y el transparente, pregunta en tu ciudad, para que clasifiques tus materiales reciclables de la misma manera en lugares distintos.

Ahora que ya has clasificado tus materiales y sabes dónde tienes tu minicentro de reciclado, te será fácil adquirir el hábito de reciclar.

Si en tu barrio existe un programa de reciclado, actúa en función de las necesidades. Si no hay depósitos para reciclar en tu localidad, ponte en contacto con el centro de reciclado más cercano y pregúntales qué programas de puntos de recogida mantienen o cuándo puedes entregar las cosas que has almacenado.

Un sistema solar

No vamos a tratar aquí del Sol, la Luna y los planetas, sino más bien de un calentador solar de agua. En algunas zonas cálidas del planeta, pueden verse sobre los tejados de los edificios y las casas unos sistemas de paneles. Estos paneles absorben los rayos de sol y utilizan esta energía para calentar el agua.

Ahora vas a fabricar tu propio colector solar para calentar agua. Es divertido, fácil y no necesitas un equipo caro.

Necesitas:

Un tubo de aire para acuario de unos 2,50 m (lo encontrarás en las tiendas que venden objetos para acuarios y mascotas)

Una hoja de papel de aluminio

Una botella de 2 litros

Una cinta de goma elástica

Un frasco pequeño de boca ancha

Una cacerola de aluminio

Una mesa al aire libre en un lugar soleado

Cómo hacerlo:

Enrolla el tubo de plástico, por el centro, dándole forma de acordeón, y deja libres unos 50 cm en cada uno de los extremos. Fija la zona central, el acordeón, con la cinta de goma en forma de manojo, e introdúcelo en el frasco pequeño. Cúbrelo con la hoja de aluminio, sellando la boca del frasco alrededor del tubo. Coloca el frasco envuelto en la cacerola y déjalo en la mesa al aire libre para que se precaliente.

(Este experimento debe realizarse al aire libre en un lugar cálido donde los rayos de sol caigan directamente sobre tu colector solar. La mejor hora para llevar a cabo el experimento es la franja entre la 1 y las 2 p. m., cuando el Sol calienta más. Además es importante para que se «precaliente» el frasco colector que permanezca al Sol entre 30 y 60 minutos antes de que comience el experimento.)

Para completar el experimento, llena la botella de dos litros con agua del grifo fría y coloca uno de los extremos del tubo en su interior. La botella debe estar situada cerca del colector solar, sobre la mesa. El otro extremo libre del tubo debe colgar hacia abajo desde la mesa.

Luego, absorbe despacio el agua, tal y como harías con una pajita, desde el extremo libre del tubo para conseguir que fluya a través del acordeón. Así, el agua comenzará a moverse desde la botella hacia el colector y bajará a través del extremo del tubo que cuelga desde la mesa. El agua comenzará a salir con un goteo suave y continuo.

Qué sucede:

El agua que gotea despacio y va cayendo al suelo estará más caliente que la de la botella.

Por qué:

Tu calentador solar en miniatura es una versión de los grandes paneles solares montados sobre los tejados o azoteas. Como los grandes depósitos, tu pequeño modelo capta la energía solar y calienta el agua que fluye a través del tubo. La cantidad de calor que adquiera el agua que pasa a través de tu colector depende de un gran número de factores: la época del año, la hora del día, la temperatura ambiente, la localización del colector, la velocidad con la que transite el agua a través del circuito y el tiempo de «precalentamiento» del colector antes de que comenzara a fluir el agua.

Y un sifón

En «Un sistema solar» en realidad llevaste a cabo dos experimentos. Construiste un colector solar, pero también hiciste un sifón, un mecanismo utilizado para vaciar líquidos desde un lugar alto a uno más bajo. El sifón funciona gracias a una importante fuerza de la Tierra, ¡la gravedad!

Necesitas:
Un frasco colector
Una botella de 2 litros
Agua del grifo muy
    caliente y muy fría
Una mesa o una
    tabla al aire libre

Cómo hacerlo:
Quita el papel de aluminio del frasco colector.
Deja el tubo tal y como estaba antes, y llena la el frasco colector con agua del grifo muy caliente. Llena la botella de dos litros con agua del grifo muy fría.

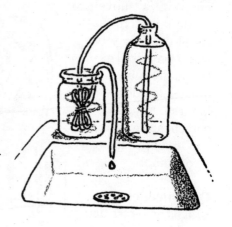

Coloca la botella grande junto al frasco colector. Introduce un extremo libre del tubo en la botella de agua fría. El otro extremo debe colgar desde la mesa hacia abajo, hacia el suelo. De nuevo, chupa desde el extremo del tubo hasta que el agua comience a moverse.

¿Qué sucede? ¿Está el agua que gotea más caliente que en el experimento anterior, cuando goteaba desde tu colector solar? ¿Qué factores o variables pueden haber afectado a la temperatura del agua que ha pasado a través de tu colector?

¿Puedes pensar en algo que haya en tu casa similar a este mecanismo? ¿Qué sucede con el agua caliente?

COMBUSTIBLES FÓSILES

Hace cientos de millones de años, las grandes plantas, como el musgo y los helechos que crecían en los pantanos, murieron y se depositaron unas sobre otras. Estas capas se convirtieron en turba, o materia vegetal podrida. Este proceso continuó a lo largo de los siglos hasta que se formaron grandes lechos o capas de plantas podridas que se fueron cubriendo de lodo, rocas y sedimentos. En estos estratos, comprimidos por la fuerza de grandes pesos, se operaron cambios químicos debido al calor natural y la presión, y se convirtieron en gas natural.

El petróleo crudo se formó de una manera similar: cambios químicos por la acción del calor y de las presiones ejercidas sobre restos de pequeños animales y plantas marinos. Esta compresión, que ejerce una gran fuerza sobre los materiales, transforma los restos de plantas y animales marinos muertos en petróleo. Una gran parte de estos cambios químicos se operaron bajo los mares antiguos, algunos de los cuales ya no existen.

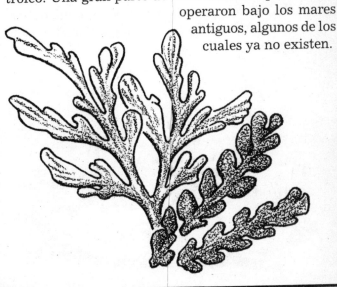

IMPERMEABLE

¿Es responsable la lluvia ácida de las destrucción gradual de los bosques del mundo? Quizás, aunque no de forma directa; la mayoría de los científicos están de acuerdo en que algunas de las condiciones que afectan a los árboles y plantas son importantes para su salud y nuestra supervivencia.

La lluvia ácida está formada por ácidos nítrico y sulfúrico y libera metales venenosos, como el mercurio, que pueden afectar a plantas y animales. Contamina los minerales que hay en el suelo y de los que se alimentan las plantas, de las que a su vez nos alimentamos nosotros.

La lluvia ácida y el polvo ácido también afectan a los edificios, coches, estatuas y otros objetos no vivos, causando grandes daños a lo largo del tiempo.

Estos ácidos contaminantes pueden encontrarse en la lluvia, nieve, niebla y en la humedad que contiene el aire, con diversas intensidades, en todas las partes del mundo. ¿Sabías que algunos ciudades europeas han recibido lluvias tan ácidas como el zumo de un limón?

TEST PICANTE

Puedes realizar un test de acidez o alcalinidad, para medir el pH. En este test, los líquidos se aplican sobre tiras de papel que cambian de color al reaccionar, y se comparan con una tira pH para saber si una sustancia es alcalina o ácida y en qué grado lo es.

La escala pH es un intervalo de números y colores. El número 1 es muy ácido, mientras que el 14 es extremadamente alcalino, es decir, que neutraliza los ácidos. El 7 corresponde a una sustancia neutra.

Ahora, haz tu propio papel para test, utilizando una especia llamada cúrcuma. Puesto que la solución de cúrcuma mancha, cubre la zona de trabajo con periódicos; luego, en una taza pequeña, haz una solución de pasta de cúrcuma. Añade una cucharada de cúrcuma por cinco cucharadas de agua caliente y remueve hasta que se disuelva y no haya grumos.

Corta cartulina blanca (o toallitas de papel gruesas) en pequeñas tiras y báñalas en la pasta de cúrcuma. Empápalas bien. La pasta manchará tus dedos, pero no te hará daño. Coloca la tiras doradas, amarillo-marrón, sobre el papel de periódico para que se sequen.

Cuando estén perfectamente secas, lleva a cabo el test introduciéndolas en vinagre, agua jabonosa, solución de bicarbonato, jugo de limón o agua con detergente. Si la solución es muy ácida, las tiras se pondrán muy amarillas; si es alcalina, se pondrán de un tono rojo-amarronado. Además puedes utilizar tus tiras de papel de cúrcuma para realizar pruebas con el agua del grifo, los lagos, ríos y suelos de tu localidad.

Después de realizar los tests, deja que se sequen los papeles y etiquétalos, indicando las sustancias en las que los has empapado.

Fabricar papel: utiliza
un cuaderno viejo

El papel se fabrica normalmente a partir de una pasta de madera y agua. Se extiende sobre una pantalla y se deja secar. Ahora, puedes fabricar tu propio papel fácilmente.

Esta «receta» te servirá para hacer un cuaderno de notas de unos 15 cm.

Nota: Esta actividad es ¡sucia! Haz las mezclas sobre una tabla en la cocina y, la última parte, realízala sobre una superficie que pueda lavarse con facilidad. Ahora, ¡prepárate! Fabricar papel es un proceso lento. Esta actividad puede mantenerte ocupado un día completo (incluyendo el mojado y secado).

Necesitas:

Una hoja de papel
    de aluminio
Tijeras
Lápiz
Periódicos
Un frasco grande
    con tapa
Una cuchara
    de madera o espátula
Una bandeja
3 cucharadas de maicena
Agua caliente

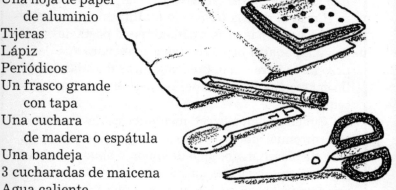

Cómo hacerlo:

Corta el papel de aluminio en cuatro trozos y dóblalos, dándoles la forma de 4 cuadrados de 15 cm. Los utilizarás para hacer un tamiz, para sostener y drenar la mezcla de papel. Realiza algunos agujeros con el lápiz en cada uno de los cuadrados, a una distancia entre unos y otros de 1 cm y en filas verticales.

Luego, corta los periódicos a lo largo, haz tiras delgadas y luego córtalas y rómpelas en trozos pequeños. Necesitarás aproximadamente un par de tazas de fragmentos de papel apelmazados.

Coloca el papel en el frasco y llénalo en sus $^3/_4$ partes de agua del grifo caliente. Tapa el frasco y deja la mezcla en reposo durante tres o cuatro horas, agitando el frasco de vez en cuando y continuando batiendo y removiendo los fragmentos de papel con la cuchara de madera, hasta que estén desmenuzados por completo. Cuanto más batas y remuevas los trozos de papel, la pasta será más cremosa y suave. Añade más agua al papel, a medida que la absorba.

Cuando la mezcla se haya transformado en una pasta cremosa, viértela sobre la cacerola de aluminio. Añade una pizca más de agua, si lo necesitara. Remueve la mezcla, de nuevo, con la cuchara para comprobar si el papel está bien deshecho. Luego, disuelve tres cucharadas de maicena en media taza de agua caliente. Vierte la solución sobre la mezcla de papel y revuelve bien.

Es mejor hacer la última parte de esta actividad al aire libre, en un lugar que pueda ser lavado cuando termines. Coloca la bandeja con la mezcla aplanada y coloca encima una hoja cuadrada.

Con las palmas de tus manos, presiona la hoja hacia abajo hasta que la cubra la mezcla. Saca la hoja y colócala sobre una mesa. Presiona la superficie con tus manos para exprimir el agua. Repite el proceso, utilizando el resto de las hojas cuadradas.

Dispón algunas hojas de periódico en un lugar soleado y deja que tus hojas de papel empapadas se sequen.

Cuando se haya secado el papel, continúa presionando

para extraer el
agua sobrante.
Mientras que
haces esto,
pellizca
cualquier agu-
jero que notes.

Después de dos o tres
horas, despliega con cui-
dado el papel de su soporte
de aluminio y arréglalo primo-
rosamente, dándole forma de un
cuaderno de notas cuadrado.

Y ahora qué:
Tus periódicos reciclados tienen el tacto de un cartón de
huevos. Pero, ¿cómo serían si hubieras utilizado distintos
tipos de papel?

Recoge fragmentos de papel de escribir y recíclalos, tal
y como has hecho con los periódicos. ¿Cuál es la diferencia
en la textura o tacto y en el color del papel?

ASUNTOS
DE LA TIERRA

Una nueva y excitante forma de reciclar la basura es utilizar las lombrices para obtener abono vegetal. Las lombrices, al comer tierra, la digieren y la excretan enriquecida y convertida en un buen fertilizante.

Las lombrices son las protagonistas

Si la idea de ir a una tienda de cebos para pescar y comprar un puñado de lombrices es la última cosa que se te hubiera ocurrido, no te preocupes porque no eres el único.

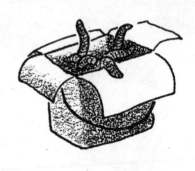

Las lombrices han sido muy incomprendidas. Sin embargo, si sabes algo acerca de ellas, puedes tolerarlas e incluso llegar a quererlas.

Las lombrices ponen huevos, no tiene ojos, pueden regenerarse o crecer a partir de un segmento de su cuerpo. Toman el oxígeno que necesitan a través de su «piel» y sus cuerpos están siempre húmedos. Contribuyen a la eliminación de los residuos que encuentran en el suelo donde viven y a airear la tierra.

Las lombrices tienen unas patas cortas, rígidas, como pelos, cinco corazones y cuerpo segmentado. Se alimentan de tierra, que excretan en forma de humus. Las partículas de tierra que pasan a través de su tubo digestivo salen humedecidas y preparadas para que se alimenten las bacterias necesarias para los cultivos agrícolas.

Estos desechos son muy buenos fertilizantes para las plantas. Contienen una gran cantidad de nitrógeno y minerales, porque las lombrices se alimentan de hongos, bacterias y materia de plantas vieja y podrida. En realidad no suena muy tentador, pero para las plantas es muy beneficioso. Por esta razón, los agricultores y jardineros tienen en gran consideración el estiércol de lombriz y están dispuestos a pagar un buen precio por él.

Arrastrarse como un gusano
para abonar

El abono de lombriz es un gran proyecto para llevarlo a cabo al aire libre. Puedes avanzar tanto como quieras, y también pueden colaborar contigo tus familiares, si lo desean. Es una buena forma de reciclar tu basura, y las plantas de tu jardín estarán encantadas con el fertilizante que les proporcionarán tus lombrices.

¿Preocupado? No hace falta ser un científico para trabajar con lombrices, pero sí debes tener una mente abierta y aventurera. La fertilización con lombrices no es una ciencia exacta, en realidad no existe un camino preciso para hacerlo, tendrás que ir aprendiendo como el resto de los que se ocupan de ello. Todo el proyecto es sencillamente un gran experimento para llegar a averiguar cómo pueden trabajar de la mejor manera para ti.

DIEZ CONSEJOS PARA LOGRAR UN BUEN FERTILIZANTE CON LOMBRICES

Antes de ponerte manos a la obra he aquí algunos consejos para mantener una colonia de lombrices libre de malos olores y feliz, mientras producen un fantástico fertilizante para los cultivos.

1.- Selecciona un lugar fresco al aire libre para tu caja de abono de lombrices, un lugar alejado de tu casa. Te lo agradecerán las personas que vivan contigo y que no estén tan interesadas en tu nuevo proyecto.

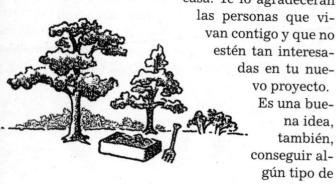

Es una buena idea, también, conseguir algún tipo de tapa para cubrir la caja e impedir que los pájaros u otros animales tengan tentaciones de tomar un aperitivo con las obreras de tu nuevo proyecto.

2.- Selecciona una época del año cálida para abonar, por ejemplo a finales de la primavera, el verano o a principios del otoño. Las lombrices no pueden vivir en una época fría y prefieren las temperaturas cálidas, entre 21 ºC y 26 ºC. Un problema: en una caja o un montón de abono normal, las bacterias descomponen los materiales y emiten calor, por lo que la caja se calienta. Esto es natural, pero el exceso de calor no es bueno para las lombrices. Si la caja tuviera demasiado calor, las lombrices morirían y se descompondrían rápidamente por las bacterias. Solución: comprueba la temperatura de la caja y, si está muy caliente, durante algunos días evita añadir desperdicios de verduras y frutas, que podrían estimular el crecimiento de las bacterias.

3.- Busca una caja para tus lombrices no muy profunda, rectangular o cuadrada. La caja puede ser de plástico o madera, pero debe tener agujeros en el fondo para permitir la ventilación y el drenaje. Son perfectas, las cajas de madera, los cajones de embalaje y los contenedores de basura de plástico.

4.- Para mantener la humedad y permitir la circulación del aire, es necesario tener un lecho en la caja. En el fondo, coloca una capa de trocitos de papel de periódico de unos 10-15 cm, seguida de una capa de unos 5 cm de tierra, arcilla, estiércol, o una combinación de todos ellos. Pulveriza este lecho con agua de forma que permanezca húmedo, pero no empapado. El cuerpo de una lombriz está compuesto en su mayor parte de agua y su piel debe permanecer húmeda para tomar el oxígeno y emitir el dióxido de carbono. Si está demasiado seca, no puede vivir. Pero no ahogues a tus lombrices. El lecho estará suficientemente húmedo cuando el agua comience a fluir por los agujeros de drenaje. Si hay exceso de agua, puedes exprimir el lecho con la mano.

¡Cuidado! Las lombrices pueden ser dañadas por los agentes químicos que contengan el agua y el papel. Evita utilizar papel coloreado o agua muy tratada para el lecho y la humedad.

5.- Las lombrices Red Wiggler son las mejores para las cajas de abono. Puedes comprarlas en las tiendas de pesca o puedes excavar en un patio con depósitos de estiércol o pilas de hojas podridas. Son saludables (ni enferman ni mueren fácilmente) y se reproducen rápidamente, por lo que te proveerán de más lombrices. Cuando tengas lista la caja, colócalas en el centro y espera que se introduzcan en su madriguera.

6.- Por término general, unas 2.000 lombrices se alimentan de medio kilo de comida al día, pero no te preocupes si tú sólo tienes 10 o 100 o 1.000 lombrices. Sencillamente, ajusta la comida al número de lombrices y la naturaleza hará el resto, pero probablemente se tomarán su tiempo para descomponer la materia y que tú puedas obtener el fertilizante. En este punto, no tengas miedo de experimentar. Ajusta la comida para las lombrices y las lombrices para la comida y espera pacientemente los resultados.

7.- Para alimentar a las lombrices, entierra bajo el lecho los desperdicios de la comida, troceados o picados, para evitar mosquitos, moscas y el olor de la comida podrida (el fertilizante de lombrices se supone que debe estar libre de olor).

8.- A las lombrices les encanta un ambiente con un pH de 7. Es el valor neutro en la escala pH.

Necesitan también una buena mezcla alimenticia de carbono y nitrógeno. Esto significa un alimento de carbono, como, por ejemplo, fragmentos de papel, y alimento de nitrógeno, como, por ejemplo, desperdicios de fruta y verdura, y así estarán siempre contentas.

Sencillamente, dales una dieta equilibrada de cereales, desperdicios y cáscaras de frutas y verduras, posos de café, migas de pan, pero evita los huesos, plantas de jardín, carne, pescado, alimentos grasos o ácidos y productos lácteos.

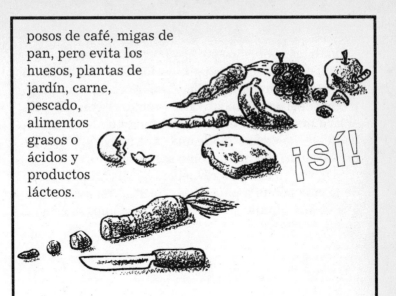

¡SÍ!

9.- Puesto que las lombrices tienen un pH neutro, debes evitar proporcionarles alimentos muy ácidos, como por ejemplo los tomates o los cítricos. Cuando se utilizan alimentos ácidos hay que equilibrarlos con cáscara de huevo triturada, que es alcalina y debilita los ácidos.

10.- Recoge el abono de lombriz cada mes; no es bueno para las lombrices que haya demasiado en el lecho. Empuja o presiona la capa superior del lecho hacia un lado, la mayor parte de las lombrices estarán en el tercio superior del recipiente, y remueve con una pala el rico material fertilizante del fondo de la caja. Extrae el lecho viejo y añade una capa nueva y fresca sobre la superficie, tanto como sea necesario.

De vez en cuando, revuelve con suavidad el lecho de la caja con una pala de jardinería. Así ayudarás a que el aire circule en la colonia y tus amigas estén a gusto.

EL JUEGO DE LA CIENCIA

Títulos publicados:

Kathy Wollard

El libro de los porqués

Lo que siempre quisiste saber
sobre el planeta Tierra

Las más interesantes preguntas sobre
el mundo y sus pobladores encuentran
en este fascinante libro respuestas
sencillas y amenas, tan rigurosas
como un artículo científico y tan
divertidas como un cuento ilustrado.

252 páginas
Formato: 19,5 × 24,5 cm
Encuadernación: Rústica

240 páginas
Formato: 24,5 × 19,5 cm
Encuadernación: Rústica

Linda Hetzer

Juegos y actividades para hacer en casa

Más de 150 actividades. Grandes aventuras,
trucos mágicos para asombrar a tus amigos,
diversiones misteriosas y mucho más. Puedes
realizarlas solo, o bien acompañado de tus
hermanos, tus amigos o todo el vecindario.
¡Desterrarás para siempre el aburrimiento!